Weltliches und geistliches Recht.

Von

Rudolph Sohm.

Sonderabdruck aus der Festgabe der Leipziger Juristenfakultät
für Dr. Karl Binding.

München und Leipzig.
Verlag von Duncker & Humblot.
1914.

Weltliches und geistliches Recht.

Von

Rudolph Sohm.

Lieber Freund!

So unendlich Vieles habe ich Dir zu danken: in meinem akademischen, in meinem wissenschaftlichen, in meinem persönlichen Leben. Auch dieses danke ich Dir, daß Du mich veranlaßt hast, eine Bearbeitung des Kirchenrechts zu versuchen. Der gewaltige Stoff hat mich immer mehr in seine Kreise gezogen. Dem ersten Bande hätte schon längst der zweite folgen sollen. Aber je weiter ich in der Arbeit kam, je größer wurde die zu lösende Aufgabe. Der zweite Band soll Dir gewidmet sein. Er wird hoffentlich im Laufe des nächsten Jahres erscheinen. Einen Ausschnitt aus ihm überreiche ich Dir heute zu Deinem Jubeltage. Eigentlich zu spät. Aber die folgenden Blätter konnten nicht druckreif gemacht werden, bevor nicht die Arbeit am Ganzen einigermaßen zum Abschluß gebracht war.

Du bist vom Strafrecht zu den höchsten Fragen unserer Wissenschaft vorgedrungen. Auch vom Boden des Kirchenrechts aus muß der Versuch des Aufstiegs zum Gipfel gemacht werden. Mit dem Streben wirst Du jedenfalls einverstanden sein und nachsichtig beurteilen, was Dir als Freundschaftszeichen und Dankesgabe darbringt

Dein
Rudolph Sohm.

Leipzig, am 30. Dezember 1913.

Inhalt.

	Seite
§ 1. Der Begriff des Rechts	5
§ 2. Weltliches Recht	17
§ 3. Geistliches Recht	20
§ 4. Wesen des kanonischen Rechts	22
§ 5. Das kanonische Recht und der Rechtsbegriff	28
§ 6. Der Standpunkt der lutherischen Reformation	43

§ 1.
Der Begriff des Rechts.

Die „genossenschaftliche Rechtstheorie" hat heute die Herrschaft. Ihr Inhalt lautet: jede „organische Gemeinschaft" besitzt die Kraft der Rechtserzeugung, jede „Gemeinschaftsordnung" ist Rechtsordnung [1].

---

[1] v. Gierke, Deutsches Privatrecht, Bd. 1 S. 119: „zur Rechtserzeugung befähigt ist jede organische Gemeinschaft." Friedberg in seiner Deutschen Zeitschr. f. Kirchenr., Bd. 8 S. 1: „Organisation ist Rechtsbildung." Friedberg, Kirchenr., 6. Aufl. § 2: Recht bedeutet einen Inbegriff von Normen, welcher „innerhalb eines Kreises von Menschen deren Zusammenleben ordnet". Dove in Richter, KR. 8. Aufl. § 3 Anm. 1: die der Kirche unentbehrlichen Ordnungen „sind mit Rücksicht auf die begriffsmäßige Aufgabe des Rechts überhaupt als Rechtsordnung zu charakterisieren"; „Recht überhaupt und staatliches Recht fallen nicht zusammen". Kahl, Lehrsystem des Kirchenrechts, Bd. 1 S. 51 ff.: „Gemeinschaftsordnung" ist gleichbedeutend mit „Rechtsordnung"; Recht ist „der Inbegriff der das Gemeinleben von Menschen beherrschenden Regeln". Schön, Das Ev. KR. in Preußen, Bd. 1 S. 5 in der Anm.: Das äußere Leben der Kirche wird einer menschlichen Ordnung unterstellt, die, „weil sie Normen über ein menschliches Gemeinleben enthält, als Rechtsordnung anzusprechen ist". In jüngster Zeit ist namentlich Stutz mit großem Nachdruck für die „genossenschaftliche Rechtstheorie" eingetreten. Insbesondere in seiner akademischen Rede: Die kirchliche Rechtsgeschichte (1905). Dort heißt es S. 11: „Das Recht ist nicht ein Erzeugnis nur des Staates"; „die genossenschaftliche Rechtstheorie genießt heute fast allgemeine Anerkennung"; S. 40: Gierkes Lehre, daß Recht alle Normen sind, „die nach der erklärten Überzeugung einer Gemeinschaft das freie menschliche Wollen äußerlich in unbedingter Weise bestimmen sollen" und daß folgeweise „jede organische Gemeinschaft zur Rechtserzeugung fähig ist", muß vorbehaltlos gebilligt werden. Diese Sätze werden regelmäßig beweislos aufgestellt. Eine gründlichere Auseinandersetzung unternimmt nur Bierling. Er definiert in seiner Schrift: Juristische Prinzipienlehre, Bd. 1, 1894, S. 19: Recht ist „alles, was Menschen, die in irgendwelcher Gemeinschaft miteinander leben, als Norm und Regel dieses Zusammenlebens wechselseitig anerkennen". Dazu Bierling in Doves Zeitschr. f. KR., Bd. 10 (1871) S. 442 ff., Bd. 13 (1876) S. 256 ff. Zur Kritik der juristischen Grundbegriffe, 2 Teile 1877, 1883. Aber auch Bier-

Gewiß: das Recht ist eine Ordnung menschlichen äußeren **Gemeinlebens** (Gemeinschaftsordnung). Eine ganze Reihe von Eigenschaften hat das Recht darum mit jeder Gemeinschaftsordnung, d. h. mit jeder Ordnung eines zu überindividueller Dauer bestimmten äußeren Verbandes gemeinsam. Diese Eigenschaften gilt es zunächst herauszustellen.

Gleich jeder Gemeinschaftsordnung dient das Recht der **Erhaltung** der Gemeinschaft, der es entspringt, durch gemeinschaftgestaltende (organisatorische), Machtbefugnisse und Pflichten verteilende Vorschriften. Durch die Vereinsordnung erhält sich der Verein, durch die staatliche Rechtsordnung erhält sich der Staat. Der Einzelne ist dieser Gemeinschaftsordnung, der Vereinsordnung, der staatlichen Rechtsordnung, um dieser **Gemeinschaft** willen untertan: ohne diese Ordnung würde diese Gemeinschaft untergehen. Das Interesse der Gemeinschaft siegt durch das Mittel der Gemeinschaftsordnung über das im Sonderfall vielleicht widerstrebende Interesse des Einzelnen.

Jede Gemeinschaftsordnung, und so auch die Rechtsordnung, nimmt ferner als Ordnung nur des Gemeinlebens lediglich das **äußere Verhalten** des Einzelnen in Anspruch. Jede Gemeinschaftsordnung (so auch die Rechtsordnung) hängt an dem Er-

---

ling gibt in seinen eingehenden Ausführungen an Stelle einer Begründung nur eine Auseinandersetzung des Inhalts seiner Meinung. Im Hintergrunde dieser bei unseren Kirchenrechtslehrern durchaus gemeinverbreiteten Auffassung steht das kanonische Recht der mittelalterlichen Kirche, welches als ein von der Kirche genossenschaftlich erzeugtes „kirchliches Recht" gedacht wird. Einige Kirchenrechtslehrer vertreten allerdings den anderen Standpunkt, daß „immer nur das, was vom Staat als solches geschützt wird", Recht im juristischen Sinne sei. So Mejer, Rechtsleben der deutschen evangelischen Landeskirchen (1889), S. 65; dazu Mejer, KR., 3. Aufl. (1869) § 6, und in Doves Zeitschr. f. KR., Bd. 11 S. 278 ff. Ebenso v. Schulte, Gesch. u. Quellen des kanon. Rechts, Bd. 1 (1875) S. 32, 33; Thudichum, Deutsches KR. des 19. Jahrh., Bd. 1 (1877) S. 6. Zorn, KR., S. 3. Aber dieser Standpunkt, daß „immer", also begrifflich Recht und staatliches Recht zusammenfalle, ist angesichts der geschichtlich gegebenen Tatsache des mittelalterlichen kanonischen Rechts unhaltbar. Es bleibt also anscheinend nur die Möglichkeit der „organischen Rechtstheorie".

§ 1. Der Begriff des Rechts.

folge, daß diese Gemeinschaft erhalten werde. Dazu ist ein bestimmtes äußeres Verhalten der Gemeinschaftsangehörigen notwendig und genügend. Darin beruht der Gegensatz des Rechtsgesetzes wie jeder Gemeinschaftsordnung zum sittlichen Gesetz. Das äußere Verhalten aber kann erzwungen werden und muß als zur Erhaltung der Gemeinschaft notwendig **erzwungen werden**, soweit die Zwangsmittel der Gemeinschaft reichen. Dem dient der Vollstreckungszwang, der Strafzwang, vor allem der mit jeder Gemeinschaftsordnung verbundene Geltungszwang (vgl. unten). Der Zwang ist keineswegs das besondere Kennzeichen der Rechtsordnung. Jede Gemeinschaft zwingt mit den ihrer Organisation zuständigen Kräften. Der Ausschluß aus einem Verein kann unter Umständen härter treffen als manche Rechtsstrafe. Immer ist in jeder Gemeinschaft der Zwang nur von begrenzter Wirkungskraft. Aber ohne Zwang keine Selbstbehauptung der Gemeinschaft gegenüber dem einzelnen.

Als **Ordnung** des Gemeinlebens ist endlich jede Gemeinschaftsordnung, ebenso auch die Rechtsordnung, eine Ordnung um der Ordnung willen. Die Erhaltung der Gemeinschaft ist an erster Stelle nur davon abhängig, daß **eine** Ordnung sei. Die Frage nach dem Inhalt der Ordnung, so bedeutsam sie auch für die Leistungsfähigkeit der Ordnung ist, steht, im Verhältnis zu dem Bedürfnis nach Ordnung überhaupt, in zweiter Reihe. Darum muß jede Gemeinschaftsordnung, folgeweise auch die Rechtsordnung, eine äußerlich vorgeschriebene Ordnung sein, die **als solche** zu befolgen ist, als eine **gemeingültige** Ordnung, die grundsätzlich verbindlich ist ohne Rücksicht auf die Lage des Einzelfalles (summum jus summa iniuria). Dann ist jedenfalls **Ordnung**. Schlechthin freies Ermessen der Beteiligten für den Einzelfall würde die Aufhebung jeglicher Ordnung bedeuten. Die etwa sachlich unzutreffende Wirkung der Gemeinschaftsordnung für diesen Sonderfall muß und soll mit in den Kauf genommen werden um des Bestandes der Gemeinschaft, d. h. um der Ordnung als solcher willen. Jede Gemeinschaftsordnung, ebenso die

Rechtsordnung beruht deshalb auf der Vergangenheit und bewegt sich in geschichtlich entwickelten mehr oder minder allgemein lautenden Sätzen, durch welche im voraus die Entscheidung einer gewissen Zahl von Fällen vorgeschrieben ist.

Dadurch vollendet sich der Gegensatz des Rechtsgesetzes (wie jedes Gemeinschaftsgesetzes) zum sittlichen Gesetz. Für das sittliche Leben gibt es keine überlieferte Formel, kein für eine Reihe von Fällen allgemein gefaßtes dialektisch zu entwickelndes Gesetz, welches nach Art der katholischen Moralisten kasuistisch auszulegen und anzuwenden wäre. Die „Gesetze" der Sittlichkeit (das Gebot der Gottesliebe, der Nächstenliebe) sind in Wahrheit nur eine Anleitung zur Befreiung vom „Gesetz", zur Entwicklung der Persönlichkeit im Sinne des sittlichen Ideals. Die alleinherrschende Großmacht des sittlichen Lebens ist die in jeder Lebenslage deutlich redende Stimme Gottes im Gewissen. Das sittliche Gebot ist verbindlich durch seinen, die innerliche Zustimmung mit Naturgewalt fordernden Inhalt und bestimmt sich immer ausschließlich nach der Gegenwart, d. h. nach der Lage dieses Einzelfalles. Das die Gemeinschaft ordnende Gesetz aber, und ebenso das Rechtsgesetz, muß als gemeingültiges Gesetz verbindlich sein ohne Rücksicht auf gegenwärtige Zustimmung des einzelnen. Das heißt: es ist von formaler, auf bestimmten Vorgängen der Vergangenheit beruhender und nur in bestimmten Formen zu beseitigender gemeingültiger Verpflichtungskraft und übt dadurch für alle seine Sätze den (über das Gebiet des Straf- und Vollstreckungszwanges weit hinausgehenden) Geltungszwang, der von dem Wesen des Rechtsgesetzes wie jedes Gemeinschaftsgesetzes unzertrennlich ist. Das von der Vergangenheit in bestimmter Form hervorgebrachte Gesetz gilt für das Urteil darüber, was dem Wesen der Gemeinschaft gemäß, was ihm zuwider ist. So gilt jeder Rechtssatz (bis zu seiner formrichtigen Aufhebung) aus formalen Gründen (d. h. zwingend) für die Entscheidung der großen Frage, was recht und was unrecht ist. Der Geltungszwang steht jedem Rechtssatz (wie jedem Satz einer Gemein-

§ 1. Der Begriff des Rechts.

schaftsordnung) zur Seite. Er ist viel mächtiger als der Straf- und Vollstreckungszwang. Er bestimmt das Urteil der Rechtsgenossen (der Gemeinschaftsgenossen) und damit das Urteil dessen selber, der durch den Rechtssatz (den Satz der Gemeinschaftsordnung) verpflichtet ist[2]. Die Macht des früher in bestimmten Formen (Statut, Gesetz, Gewohnheit) Gewordenen kommt in der Rechtsordnung wie in jeder Gemeinschaftsordnung zum Ausdruck. Die Vergangenheit erscheint als die unparteiische Richterin für die Fragen der Gegenwart. Was in der Vergangenheit als Ordnung des Gemeinlebens siegreich durchgedrungen ist, erscheint als das dem Wesen der Gemeinschaft entsprechende Gesetz. Es muß beobachtet werden, damit eine Ordnung sei, bis eine neue Ordnung Kraft gewonnen hat, die formalen Erfordernisse der Rechtsänderung und damit der eigenen Rechtsgeltung zu erfüllen.

In allen bisher besprochenen Stücken hat jede Gemeinschaftsordnung die gleiche Art wie die Rechtsordnung: sie geht auf äußeres Verhalten, sie erstrebt zwangsweise Durchsetzung, sie gilt kraft formal verbindlicher Tatsachen der Vergangenheit. Ist folgeweise, wie von so vielen behauptet wird, jede Gemeinschaftsordnung Rechtsordnung?

Außer Zweifel steht, daß es unmöglich ist, schlechthin lediglich der staatlichen Gemeinschaft rechtserzeugende Kraft beizulegen. Die Tatsache, daß es im Mittelalter ein nicht vom Staat erzeugtes kanonisches Recht gegeben hat, stellt unbestreitbar klar, daß das Recht nicht begrifflich mit staatlichem Recht zusammenfällt. Daher wiederum die Frage: Ist jede Gemeinschaftsordnung Rechtsordnung?

---

[2] Es ergibt sich, daß es nicht zutreffend ist, wenn v. Scheurl in Doves Zeitschr. f. KR., Bd. 12 S. 55 und ebenso Kahl, Lehrsystem des Kirchenrechts, Bd. 1 S. 86, je nach der Möglichkeit oder Unmöglichkeit des Vollstreckungs- bzw. Strafzwanges von „vollkommenem" und „unvollkommenem" Recht sprechen. Das sog. „unvollkommene" (keinen Rechtsnachteil androhende) Gesetz erzeugt kein unvollkommenes Recht. Auch die lex imperfecta bedeutet kraft des Geltungszwanges einen vollkommenen „echten Rechtssatz", Binding, Die Normen und ihre Übertretung, Bd. 1, 2. Aufl. 1890, S. 63 ff.

Daß diese Frage trotz alledem zu verneinen ist, beweist die gesellschaftliche Sitte.

Auch die gesellschaftliche Sitte ist eine Ordnung äußeren menschlichen Gemeinlebens, welche alle soeben besprochenen Eigenschaften, die einer Gemeinschaftsordnung als solcher zukommen, mit der Rechtsordnung teilt und doch nach allseitigem Einverständnis keine Rechtsordnung darstellt. Auch die gesellschaftliche Sitte geht nur auf äußeres Verhalten[3]. Sie ordnet den geselligen Verkehr innerhalb der verschiedenen Gesellschaftskreise, verteilt Ansprüche und Verbindlichkeiten (des geselligen Verkehrs), übt äußeren Zwang (durch Ausschluß von der Verkehrsgemeinschaft), der häufig mächtiger ist als der Rechtszwang, und schöpft ihre Geltung aus der Überlieferung, aus in der Vergangenheit hervorgebrachten Gesetzen, die, geradeso wie die Rechtsgesetze, durch formale Gründe erzeugt und wiederum beseitigt werden. Auch die gesellschaftliche Sitte dient der Erhaltung menschlicher Gemeinschaft (der Gemeinschaft geselligen Verkehrs), und um des Bestandes dieser Gemeinschaft willen erzeugt sie die Unterordnung des einzelnen. Alles genau so wie bei der Rechtsordnung[4]. Und doch fällt die gesellschaftliche Sitte nicht unter den Rechtsbegriff.

Folglich: nicht jede Gemeinschaftsordnung ist Rechtsordnung.

Warum ist uns die gesellschaftliche Sitte kein Recht? Weil sie uns nicht durch sich selbst, nicht unbedingt, nicht selbstherrlich, nicht ohne weiteres, d. h. nicht kraft unseres sittlichen Wesens verpflichtet. Die gesellschaftliche Sitte ist eine verschiedene je

---

[3] Wenngleich in dem Gedanken, daß gesellige Gemeinschaft eine Gemeinschaft auch der Gesinnung fordert und daß durch bestimmte Formen äußeren Benehmens eine gewisse Höhenlage innerer Entwicklung als gewährleistet erscheint (daher die nahe geschichtliche Verwandtschaft der gesellschaftlichen Sitte mit der Sittlichkeit). Aber erfüllt wird die Vorschrift der Sitte durch die äußere Form als solche, wie auch die Gesinnung sei.

[4] So paßt denn auch z. B. Bierlings Definition vom Recht („alles, was Menschen, die in irgendwelcher Gemeinschaft miteinander leben, als Norm und Regel dieses Zusammenlebens anerkennen") genau auch auf die gesellschaftliche Sitte, ebenso die übliche Begriffsbestimmung: „Gemeinschaftsordnung ist Rechtsordnung." Vgl. oben Anm. 1.

nach den Kreisen der Gesellschaft. Sie gilt nur für den, der diesem Kreise angehören will. Sie ist eine bloße „Konventionalregel", nur **bedingt** gültig, nur für den gültig, der sich ihr aus freien Stücken unterwirft. **Konventionalregel ist keine Rechtsregel**[5].

Das ist wennmöglich noch deutlicher im Fall der Vereinssatzung. Die Vereinsordnung nähert sich der Rechtsordnung in noch höherem Grade als die gesellschaftliche Sitte, weil sie Ordnung nicht bloß einer „organischen", sondern einer organisierten Gemeinschaft ist und deshalb die Eigenschaft einer rechtlichen Ordnung empfangen **kann** (durch Anerkennung seitens der Rechtsordnung). Aber auch die Vereinsordnung ist eine bloße Konventionalordnung. Sie ist keine in sich selber ruhende, durch sich selbst (selbstherrlich) verpflichtende, den einzelnen auch ohne seinen Willen ergreifende Ordnung. Sie gilt nur für den, der sich ihr in Freiheit unterworfen. Darum gilt die Vereinssatzung **nur gemäß der Rechtsordnung, nicht als Rechtsordnung. Die Vereinssatzung ist keine Rechtsquelle**. Die Rechtsgeltung der Vereinssatzung ist nicht ursprünglicher, sondern nur **abgeleiteter** Natur. Sie besteht kraft **anderweit** begründeter Rechtsordnung. Widersprechen die Vereinssatzungen oder sonstige Vereinsbeschlüsse dem staatlichen Recht, so sind sie vom Standpunkt der Rechts-

---

[5] Das ist die wichtige Tatsache, die Stammler herausgestellt hat. Als unbedingt geltende „selbstherrlich" bindende Regel des sozialen Lebens unterscheidet sich das Recht von der gesellschaftlichen Sitte, ebenso von der Vereinssatzung, d. h. von der bloß bedingt geltenden „Konventionalregel". Vgl. Stammlers Schriften: Die Theorie des Anarchismus (1894); Wirtschaft und Recht (1896, 2. Aufl. 1906); Die Lehre vom richtigen Rechte (1902); in Hinnebergs Kultur der Gegenwart, Systematische Rechtswissenschaft, 2. Aufl. 1913, S. 1 ff.; Theorie der Rechtswissenschaft (1911), S. 90 ff. Am letztangeführten Orte S. 113 lautet die Begriffsbestimmung: Recht ist „das unverletzbar selbstherrlich verbindende Wollen". Stammler ist der erste, der hier das Richtige gesehen hat. In kirchenrechtlichen Kreisen aber ist bis jetzt von der durch ihn gewonnenen Erkenntnis kein Gebrauch gemacht worden. Aber gerade die kirchenrechtliche Betrachtung ist nach meiner Ansicht imstande, die sachliche Begründung der von Stammler vertretenen hochbedeutenden Gedankenreihe zu vollenden.

ordnung nichtig. Auch wenn sie von den Vereinsgenossen als gültig angesehen und befolgt werden (z. B. im Falle eines verbotenen Vereins), besitzen sie dennoch von geltenden Rechts wegen nicht etwa innervereinsmäßige, sondern gar keine Rechtsgeltung. Die „bürgerliche" (staatliche) Ungültigkeit der Vereinssatzung ist mit rechtlicher Ungültigkeit gleichbedeutend. Vereinsbeschlüsse und Vereinssatzung haben keine souveräne, selbstherrliche Geltung. Sie gelten nur, soweit sie von der staatlichen (im Mittelalter von der landrechtlichen) Rechtsordnung freigegeben sind. Vereinsordnung als solche ist keine Rechtsordnung.

Konventionalregel ist keine Rechtsregel. Gewillkürte Gemeinschaft ist keine Rechtsquelle. Die Ordnung einer gewillkürten Gemeinschaft hat keine Rechtsgeltung durch sich selbst.

Rechtsquelle ist nur solche Gemeinschaft, welche **ursprüngliche** rechtserzeugende Kraft besitzt, deren Gemeinschaftsordnung selbstherrlich **durch sich selber** rechtlich geltende Ordnung ist, die deshalb ihre Gemeinschaftsordnung als Rechtsordnung hervorbringt, **unabhängig** von jeder anderen Gemeinschaft. Nur die selbstherrliche Gemeinschaft ist Rechtsquelle. Und umgekehrt: nur ursprüngliche rechtsbildende Kraft (Rechtsquelle), nur das ist Selbstherrlichkeit (Souveränetät). Das Wesen der Souveränetät beruht nicht in der Fülle der Gewalt, sondern in der Macht der Rechtsbildung. Die Ordnung einer selbstherrlichen Gemeinschaft ist durch sich selber Rechtsordnung. Die von einer selbstherrlichen Gemeinschaft zwecks ihrer Erhaltung hervorgebrachte Befehlsgewalt ist in sich selber ruhende selbstherrliche, d. h. **obrigkeitliche** Gewalt. Wo Rechtsquelle, da ist Obrigkeit. Und umgekehrt: wo Obrigkeit, da ist Rechtsquelle. Obrigkeit ist aus **eigener** (ursprünglicher) Kraft rechtlich verpflichtende Befehlsgewalt. Alles das ist nur in einer Zwangsgemeinschaft möglich.

Selbstherrliche, obrigkeitlich verfaßte, den einzelnen ohne Rücksicht auf seinen freien Entschluß unterwerfende Gemeinschaft ist mit der sittlichen Freiheit der Einzelpersönlichkeit in Widerspruch), sofern nicht solche Gemeinschaft durch die sittliche Freiheit selber **gefordert ist**[6]. Selbstherrliche Gemeinschaft ist nur und kann nur sein die dauernde (den einzelnen überdauernde) **sittlich notwendige äußere Gemeinschaft**, also die äußere Gemeinschaft, welcher der einzelne um seines **sittlichen Wesens** willen angehören muß, der er darum eingeordnet und untergeordnet ist kraft des Zwanges, der aus den Lebensnotwendigkeiten seiner eigenen Menschenpersönlichkeit hervorgeht. Die Gemeinschaft, welche den Menschen zum Menschen, die „blonde Bestie" zur sittlichen Persönlichkeit macht, ist die sittlich notwendige Gemeinschaft. Die ihrer Erhaltung dienende Ordnung ist **sittlich notwendige Gemeinschaftsordnung**. Nicht in dem Sinne, daß jedesmal der gesamte Inhalt dieser Gemeinschaftsordnung sittlich notwendig wäre, aber in dem Sinne, daß Geltung dieser Ordnung sittlich notwendig ist, damit **eine** Ordnung sei. Sie zwingt gleich jeder Gemeinschaftsordnung. Aber sie zwingt nicht bloß. Sie **befreit**. Sie macht das Dasein erst zum Menschendasein. Sie hat darum weit höhere Gewalt als bloß äußerlich wirkende Zwangsgewalt. Ihre Ordnung ist **durch sich selber von sittlich verpflichtender Kraft**. Das bedeutet, daß sie Rechtsordnung ist, denn das ist es, was das Recht von jeder anderen Gemeinschaftsordnung unterscheidet, daß das Recht **durch sich selbst** nicht bloß äußerlich, sondern im Gewissen verpflichtet, daß der Geltungszwang der Rechtsordnung (vgl. oben S. 8), welcher den Zuwiderhandelnden ins Unrecht setzt, in dem sittlichen Wesen des Menschen begründet ist. Darum ist Rechtsordnung keine bloße Konventionalordnung. Sie verpflichtet nicht bloß den, der sich ihr unterwarf. Sie bestimmt **selber**, wer ihr zugehörig ist, und gilt für jeden Zugehörigen, ihn innerlich verpflichtend, ohne Rücksicht auf seine Einwilligung. Sie leitet ihre Geltung nicht von ihm und seiner Willkür ab. Sie bedarf überhaupt keiner weiteren Verpflichtungsgründe. Sie ist von ureigener, ursprünglicher Geltungskraft. Warum?

---

[6] Daß es solche Gemeinschaft gibt, sieht der Anarchismus nicht.

Weil sie als solche, als **Ordnung**, wie unvollkommen auch ihr Inhalt sei, von unbedingtem **sittlichen** und darum den einzelnen schlechthin bindenden **Wert** ist. Denn sie erhält diese Gemeinschaft, ohne welche der Mensch nicht vollauf Mensch zu sein vermag.

Gewiß, auch die sittliche Verpflichtung zum Rechtsgehorsam gegen solche Ordnung besteht nicht kraft formulierbaren, buchstäblich geltenden, gleichmäßige Anwendung fordernden Gesetzes. Auch diese sittliche Pflicht kann im Einzelfall anderen höheren sittlichen Pflichten weichen müssen (man soll Gott mehr gehorchen als den Menschen)[7]. Aber es bleibt die Tatsache, welche das ganze Wesen der Rechtsordnung ausdrückt, daß das Recht, obgleich nur **Gemeinschaftsordnung** und folgeweise nur auf **äußeres** (unter Umständen erzwingbares) Verhalten gerichtet, doch durch sich selber sittlich verpflichtet, so daß die ihr entspringende Ordnung selbstherrliche Ordnung, die ihr entspringende Befehlsgewalt obrigkeitliche Gewalt darstellt.

Die Rechtsregel ist keine Konventionalregel. Die Recht schaffende Gemeinschaft ist keine Willkürgemeinschaft. Darum muß die von solcher Gemeinschaft geschaffene Ordnung, die Rechtsordnung, eine **gerechte** Ordnung sein. Hier begegnet uns die Tatsache, welche den vollen Beweis für die Richtigkeit der im vorigen entwickelten Gedankenreihe in sich trägt.

Nur an die Rechtsordnung stellen wir die Forderung der **Gerechtigkeit**. Gerade davon hat das Recht seinen Namen.

---

[7] Bierling, Prinzipienlehre, Bd. 1 S. 64 beruft sich auf den Satz, daß man Gott mehr gehorchen muß als den Menschen, um die sittlich verpflichtende Kraft der Rechtsordnung zu bestreiten; unter Umständen sei vielmehr Widerstand gegen die Rechtsordnung sittliche Pflicht. Aber der Widerstreit sittlicher Pflichten, der in solchem Fall besteht, bestätigt lediglich den Grundsatz der sittlich verpflichtenden Kraft auch des Rechts. Jede sittliche Pflicht kann im Einzelfall durch eine stärkere sittliche Pflicht aufgehoben werden, zum Zeichen dessen, daß für das sittliche Gebiet kein allgemeines „Gesetz", sondern immer allein die Lage des Einzelfalles entscheidet. Kein in Worte gefaßtes Sittengesetz hat ausnahmslose Geltung. Das gilt auch von dem Sittengesetz, welches zum Rechtsgehorsam verpflichtet („gebet dem Kaiser, was des Kaisers ist" — aber auch „Gott, was Gottes ist").

§ 1. Der Begriff des Rechts.

Es will und soll das Rechte, das Gerechte sein. Die gesellschaftliche Sitte kann unzweckmäßig, roh, barbarisch, unter Umständen auch unsittlich sein, aber sie ist niemals ungerecht. Das gleiche gilt von der Ordnung aller Willkürverbände, z. B. aller Vereine. Bei Festsetzung solcher Ordnung kann unzweckmäßig verfahren werden, aber niemals ungerecht. Warum? Weil solche Ordnung bloße Konventionalordnung bedeutet, nur für den gültig, der an diesem geselligen Leben, an diesem Verbandsleben teilzunehmen **gewillt** ist. Die Konventionalregel kann nicht ungerecht sein: volenti non fit iniuria.

Die Forderung der **gerechten** Gemeinschaftsordnung ist nur in einer **Zwangsgemeinschaft** möglich, d. h. in einer sittlich notwendigen Gemeinschaft der bereits geschilderten Art, die den Einzelnen mit selbstherrlicher Gewalt, ohne Rücksicht auf seine Zustimmung, als zugehörig in Anspruch nimmt. Gerechtigkeit bedeutet die richtige Würdigung der Einzelpersönlichkeit in einer Gemeinschaft, der sie kraft ihres sittlichen Wesens zugehört: sie gibt dem einzelnen als Gegenwert für seine Zuordnung zu der Gemeinschaft den ihm gebührenden **Anteil an den Gütern der Gemeinschaft** (suum cuique tribuere). Um des **Zwanges** der sittlich notwendigen Gemeinschaft willen erhebt sich die Gegenforderung der Gerechtigkeit, damit auch in und vermöge der Zwangsgemeinschaft die sittliche **Freiheit** des einzelnen sich behaupte[8].

---

[8] Auch in der Gemeinschaft mit Gott behauptet die Persönlichkeit des Menschen sich in der Idee der Gerechtigkeit Gottes, ebenso wie in dem Glauben an die Liebe Gottes. So lange die Gemeinschaft mit Gott als eine äußere Gemeinschaft des Volkes, also als unmittelbar maßgebend auch für die Ordnung des volklichen Gemeinlebens, gedacht wurde, war folgerichtig die Auffassung auch des Verhältnisses zu Gott als eines Rechtsverhältnisses und zwar als eines die gesamte Rechtsordnung erzeugenden Verhältnisses gegeben. Die Urzeit gründet die volkliche Rechtsordnung auf den Willen der Volksgottheit, um damit die selbstherrliche Verpflichtungskraft des Rechts, seinen Wert als Widerspiegelung der göttlichen Gerechtigkeit, zugleich die Zugehörigkeit der Gottheit zu diesem ihrem Volk auszudrücken. In der Idee von der Sichtbarkeit der Kirche im reli=

Die an dem Maßstab der Gerechtigkeit zu bewertende Gemeinschaftsordnung, und nur diese, nennen wir Rechtsordnung. Das ist der Sinn der Sprache, wenn sie das Recht und das Gerechte (ius und iustitia) in unlösbaren Zusammenhang miteinander bringt. Willkürliche Bestimmung des Inhalts der Rechtsordnung ist ausgeschlossen. Nicht in dem äußeren Zwang, sondern in der Erfüllung des Gerechtigkeitsideals liegt darum die innerste Lebensmacht des Rechts, denn je nach dem Maß der Gerechtigkeit wird das Maß, in welchem die sittliche Geltungskraft der Rechtsordnung tatsächlich wirksam wird, sich bestimmen: nur durch Gerechtigkeit bestehen die Königreiche. Was gerecht ist, das ist auch klug.

Die Konventionalregel kann nicht gerecht noch ungerecht sein. So ist die Konventionalregel kein Recht. Nur die Zwangsregel (die Ordnung einer sittlich zur Mitgliedschaft zwingenden Gemeinschaft) unterliegt dem Urteil, ob gerecht oder ungerecht. Nur die Zwangsregel ist Recht.

Recht ist die selbstherrliche Ordnung einer sittlich not-

---

giösen Sinn (des Volkes Gottes) liegt die Nachwirkung altheidnischer und zugleich alttestamentlicher Vorstellungen auf die Entwicklung des Christentums (vgl. Wesen und Ursprung des Katholizismus, 2. Aufl. S. 24 ff.). In dieser Idee hat der gesamte Katholizismus seine Wurzel. Kraft dieser Idee ist das Verhältnis zu Gott zugleich Gegenstand und Quelle der katholisch-kirchlichen Rechtsordnung, d. h. des kanonischen Rechts (den Altkatholizismus kennzeichnet die uneingeschränkte folgerichtige Durchführung dieses Gedankens): das Verhältnis zu Gott hat für den Katholizismus in weitgehendem Maße die Art eines geistlichen Rechtsverhältnisses. Erst Luthers Lehre von der Unsichtbarkeit der Kirche im religiösen Sinn hat das Christentum von diesem Stück Heidentum entlastet und damit das Verhältnis zu Gott von aller Ordnung des Volkslebens, überhaupt von aller äußeren Gemeinschaftsordnung und damit von allem, was der Rechtsordnung ähnlich sieht, befreit. Gott ist jenseits aller Volksordnung, das Leben mit Gott jenseits aller Rechtsordnung, nicht Quelle noch Gegenstand irgendwelchen Rechts, nur Quelle und Zielpunkt des Innenlebens des Einzelnen. Das Verhältnis zu Gott ist kein Rechtsverhältnis, ist niemals Bestandteil irgendwelchen äußeren Gemeinlebens, und ist doch (das ist das Geheimnis der Religion) ein Verhältnis von Person zu Person. Das ist es, was in dem Glauben an die Liebe und zugleich an die aus Liebe entspringende Gerechtigkeit Gottes sich ausspricht.

wendigen überindividuellen äußeren Gemeinschaft. Kurz gesagt: Recht ist sittlich notwendige Gemeinschaftsordnung.

Nur die sittlich notwendige überindividuelle (den einzelnen überdauernde) äußere Gemeinschaft ist souverän. Nur sie kann den einzelnen zwangsweise für sich in Anspruch nehmen, nur sie kann und muß eine gerechte Gemeinschaftsordnung, d. h. Rechtsordnung, hervorbringen.

§ 2.
Weltliches Recht.

Welche Gemeinschaft ist die sittlich notwendige Gemeinschaft, die berufen ist, Zeugerin und Trägerin der Rechtsentwicklung zu sein?

Die Antwort der Geschichte lautet: Die Volksgemeinschaft.

Mit der Volksgemeinschaft entsteht das Recht. Aus den Notwendigkeiten des Volkslebens erwächst, wie das öffentliche Recht, so das Privatrecht.

Die Volksgemeinschaft ist eine sittlich notwendige Gemeinschaft. Der einzelne ist nichts ohne sein Volk. Was er körperlich, geistig, sittlich ist und hat, das ist und hat er durch sein Volk. Das Volk gab dir dein Leben: so gib es ihm zurück! Gebet dem Volke was des Volkes ist! Nur wer sein Eigenleben an sein Volk zurückgibt, wird es gewinnen. Unserem Volke zu dienen, ist unsere irdische Bestimmung. Einordnung in das Volk, Unterordnung unter die Notwendigkeiten des Volkslebens (die Rechtsordnung) ist sittliche Pflicht.

Die Volksgemeinschaft ist eine Zwangsgemeinschaft. Die um der Erhaltung der Volksgemeinschaft willen notwendige Ordnung des Volkslebens ist Rechtsordnung.

Die Volksgemeinschaft ist Rechtsquelle. Sie erzeugt den Staat: den Träger und Erhalter der volklichen Macht. Sie erzeugt das Eigentum: die Macht des Volkes steigernd durch Freiheit. Sie erzeugt die weltliche Obrigkeit und das weltliche Recht.

Der persönliche Umkreis der in Rechtserzeugung wirksamen Volksgemeinschaft ist geschichtlich ein verschiedener. Die Entwicklung beginnt überall mit dem Kleinvolk. Sie führt die Kulturvölker in unsäglicher Arbeit zu der Bildung des den Anforderungen der Weltgeschichte gewachsenen Großvolks. Ebenso hat der sachliche Umkreis, das Gebiet des von der Rechtsordnung ergriffenen Volkslebens gewechselt. Es wechselten die Anschauungen darüber, was um der Erhaltung des Volkes willen notwendig sei. Zu Zeiten sind Teile der gesellschaftlichen Sitte rechtlich geregelt worden (Kleiderordnungen, Luxusgesetze). Viele Jahrhunderte lang galt es als unerläßlich, daß alle Staatsbürger desselben religiösen Glaubens seien. Unaufhörlich gibt es Schwankungen, bald im Sinn der Erweiterung, bald im Sinn der Einschränkung der Rechtszuständigkeit[1], eine Erscheinung, die sich heute vor allem auf dem Gebiet des wirtschaftlichen Lebens äußert. Immer aber bleibt der Grundgedanke des zurzeit geltenden Rechts, daß um der Erhaltung des Volkes willen solche Ordnung notwendig sei. Was um des Volkes willen zu fordern ist, das ist menschlich gerecht: salus populi suprema lex.

Mit der Entwicklung zum Großvolk und zum Großstaat hat sich die Ausbildung des **modernen Staates** verbunden. Das ist die wichtigste geschichtliche Änderung. Sie bedeutet die Sammlung der Macht des Volkes an einem einzigen Punkt. Das Mittelalter ist die Zeit des noch erst in der Entwicklung begriffenen Großvolkes. Darum treten innerhalb der Nation zahlreiche kleinere Kreise als selbständige Träger des Volkslebens nebeneinander auf. Es gibt zahlreiche Verbände, so die Städte, die Landschaften, die als den Volksverband für ihren Kreis darstellende Gemeinschaften Obrigkeit und Rechtsordnung aus sich selbst hervorbringen (ebenso wie einst bei den Griechen die Polis, bei den Lateinern die Civitas). Die obrigkeitliche Gewalt, die Rechtserzeugung ist im Mittelalter auf die Glieder des Volks-

---

[1] Vgl. A. Merkel in Holtzendorffs Enzykl. d. Rechtswiss. (5. Aufl. 1890), S. 14. Stammler, Wirtschaft und Recht (2. Aufl.), S. 132.

§ 2. Weltliches Recht.

körpers verteilt, verzettelt. Das wird seit dem 16. Jahrhundert anders. Es kommt der straffe Einheitsstaat, der die örtlichen Verbände zu seinen dienenden Gliedern macht, um alle obrigkeitliche Gewalt einem einzigen, dem Staatsoberhaupt, zu übertragen. Alle sonstige Obrigkeit verschwindet. Der Leviathan hat sie verschlungen. Die obrigkeitliche Gewalt des Staates wird zur Souveränetät im heutigen Sinne: sie wird nicht bloß die höchste, sondern die einzige obrigkeitliche, die einzige öffentliche Gewalt. Seit dem 18. Jahrhundert hat der moderne Staat, der Staat der Gegenwart, sich durchgesetzt. Nur noch in der Form des Staates ist das Volk obrigkeitlich verfaßt, nur noch in der Form des Staates ist das Volk eine selbstherrliche Gemeinschaft, nur noch in der Form des Staates ist das Volk Rechtsquelle. So ist in der Gegenwart die weltliche Obrigkeit mit der staatlichen Obrigkeit und das weltliche Recht mit staatlichem Recht gleichbedeutend.

Wie mit der Wucht von tausend Atmosphären drückt die Ordnung der Volksgemeinschaft (die staatliche Rechtsordnung) auf das Leben der einzelnen, ohne sie nach ihrer Zustimmung zu fragen, um sie alle zu einem wehrfähigen, lebens- und leistungsfähigen Volksganzen zusammenzuzwingen. Aber die Volksordnung (Rechtsordnung) ist trotzdem kein heteronomes, dem sittlichen Wesen der Einzelpersönlichkeit widersprechendes Gesetz. Schon weil die Daseinsbedingungen des Volkslebens zugleich Daseinsbedingungen des Einzellebens sind: Selbstbehauptung des Volkes ist Selbstbehauptung aller seiner Zugehörigen. Vor allem: weil die Rechtsordnung den einzelnen hebt, indem sie ihn unterwirft. Sie gibt ihm Anteil, wie an den nationalen Gütern, so an der nationalen Arbeit Aller für Alle, auf daß er eine sittliche Persönlichkeit werde im Dienst an seinem Volke, an seinen Brüdern. Erst durch die Eingliederung in sein Volk wird der Mensch zum Menschen: er ist um seines sittlichen Berufes willen ein „politisches", zur volklichen Rechtsgemeinschaft geborenes Wesen. Wie der Druck der Atmosphäre, erzeugt der Druck der Rechtsordnung die

2*

Lebensluft, ohne die wir nicht atmen können. Um unserer sittlichen Freiheit willen gehorchen wir dem Rechtsgesetz.

Das weltliche Recht gilt aus weltlichen Gründen: kraft der Volksgewalt, auf daß das Volk erhalten werde. Aber mit der Erhaltung des Volkes wird zugleich Möglichkeit und Raum geschaffen für die sittliche Entwicklung der Einzelpersönlichkeit.

§ 3.

Geistliches Recht.

Gibt es außer der Volksgemeinschaft noch eine andere sittlich notwendige Gemeinschaft? Gibt es außer dem weltlichen (staatlichen) Recht von der Kirche selbständig erzeugtes Recht? Die Frage nach dem Machtverhältnis von Staat und Kirche ist damit aufgeworfen. Ist die Kirche Rechtsquelle, so ist auch die Kirche ein selbstherrlicher Verband.

Geistlich ist, was aus dem göttlichen Geist (πνεῦμα), aus dem heiligen Geist stammt, aus dem Geist, in welchem die Quelle alles christlich-religiösen Lebens, in dessen Besitz das Wesen des Christentums gegeben ist. Was geistlich ist, hat seinen Ursprung in Gott, in dem Leben der Christenheit aus Gott.

Geistliches Recht ist das aus dem heiligen Geist stammende „heilige Recht" (sacri canones, ius sacrum). Es ist verbindlich kraft des Glaubens an Gott. Geistliches Recht ist aus **religiösen Gründen geltendes Recht**.

Nicht so, als ob das geistliche Recht mit dem aus religiösen Gründen gesetzten oder mit dem auf religiöse Dinge **bezüglichen** Recht zusammenfiele. Es gibt aus religiösen Gründen entspringendes und auf religiöse Dinge bezügliches **weltliches** Recht. Das auf kirchliches Leben bezügliche Recht ist keineswegs als solches geistliches Recht (obgleich beides häufig genug miteinander verwechselt wird). Geistliches Recht ist vielmehr nur das aus **religiösen Gründen geltende**, d. h. aus religiösen Gründen seine Verpflichtungskraft ableitende Recht. Das

§ 3. Geiſtliches Recht.

geiſtliche Recht hat in dem religiöſen Leben, in der **Religion** nicht bloß Beweggrund und Gegenſtand, ſondern ſeine **Quelle**.

Die Frage des geiſtlichen Rechts iſt alſo die, ob die Chriſtenheit als Trägerin des aus dem heiligen Geiſt Gottes ſtammenden **religiöſen Lebens, ob die Kirche im religiöſen Sinne Rechtsquelle iſt.** Eine kirchliche Körperſchaft als ſolche kann niemals geiſtliches Recht hervorbringen. Von der kirchlichen Körperſchaft genoſſenſchaftlich erzeugtes Recht (das „kirchliche Recht" unſerer herrſchenden Lehre) würde nicht geiſtliches, ſondern weltliches (aus weltlichen Gründen, kraft körperſchaftlicher Gewalt, geltendes) Recht bedeuten. Geiſtliches Recht kann nur von der Kirche im religiöſen Sinn, von der Kirche ausgehen, deren Leben aus dem Geiſte Gottes, aus der Offenbarung Gottes in Chriſto, aus dem **Worte Gottes** fließendes Leben iſt. Bringt die Chriſtenheit aus dem **Glauben an das Evangelium** göttliches, „heiliges" Recht hervor? Das iſt die Frage.

Gibt es geiſtliches Recht, ſo iſt es **evangeliſches** (evangeliſch-ſoziales), d. h. im Evangelium enthaltenes und kraft des Evangeliums geltendes Recht für die ganze Chriſtenheit auf Erden. Aus dem Evangelium fließendes Recht iſt notwendig chriſtliches **Weltrecht.**

Gibt es geiſtliches Recht, ſo kann es in der Lage ſein, dem weltlichen Recht zu widerſprechen. Welches Recht geht vor? Die Antwort kann für die Chriſtenheit nicht zweifelhaft ſein. Das geiſtliche Recht entſpringt dem Geiſte Gottes, das weltliche dem Geiſt der Welt. Man ſoll Gott mehr gehorchen als den Menſchen. Gibt es geiſtliches Recht, ſo muß es innerhalb der Chriſtenheit den Vorrang vor allem weltlichen Recht beſitzen. Der Geiſt, der aus dem geiſtlichen Recht ſpricht, iſt höher, denn der Geiſt, der in der Welt iſt. Gibt es geiſtliches Recht, ſo muß es **dem weltlichen übergeordnetes Recht ſein.**

Iſt die Kirche im religiöſen Sinn (die aus dem Geiſt Gottes lebende Chriſtenheit) Rechtsquelle, ſo muß ſie wie geiſtliches Recht, ſo geiſtliche Obrigkeit mit ſelbſtherrlicher geiſtlicher Befehlsgewalt, mit Befehlsgewalt im Namen Gottes hervorbringen. Gibt es geistliches Recht, so gibt es geistliche Obrigkeit, deren Gewalt **höher ist als die Staatsgewalt.**

Die Frage des geistlichen Rechts ist zugleich die Frage nach Bestand und Wert des gesamten weltlichen Rechts.

§ 4.
Wesen des kanonischen Rechts.

Die ganze alte Zeit hat nur den Begriff der Kirche im religiösen Sinn gehabt[1]. Kanon bedeutet wörtlich bekanntlich Regel, Gesetz. Der Ausdruck wechselt in den Quellen mit anderen gleichbedeutenden (ὅρος, θεσμός, δόγμα, lateinisch regula, lex, decretum). Kanon der Kirche (κανὼν τῆς ἐκκλησίας, κανὼν ἐκκλησιαστικός[2]) ist die für das Volk Gottes, für die Kirche im

---

[1] Das ist es, was bisher nicht gesehen wurde. Nach der durchaus herrschenden, noch heute nicht überwundenen Lehre war die Kirche, für welche das Kirchenrecht aufkam, eine Religionsgesellschaft im Stil der Aufklärung, ein Kultverein. Trägerin der Rechtsentwicklung soll die Ekklesia nicht als Kirche Christi, sondern als „Ortschristenschaft" (so noch Stutz, KR. in Kohlers Enzykl. d. Rechtswiss., 1904 Bd. 2 S. 814), als „christlicher Verein" (so noch A. Harnack, Die Mission in den ersten drei Jahrh., 2. Aufl. 1906 Bd. 1 S. 362), also als weltliche Größe (θίασος, Harnack a. a. O. S. 372), sodann die „Konföderation" der Ortsvereine (Harnack, S. 398), der „Bund von Bischofskirchen" (Stutz, S. 817, 824) gewesen sein: das „kirchliche Recht" kam als genossenschaftliches Körperschaftsrecht, dann als „Bundesrecht" zustande (noch in seiner jüngsten Arbeit über Entstehung der Kirchenverfassung, 1910 S. 165 ff. will Harnack die überlieferte, bisher auch von ihm vertretene Lehre nicht völlig aufgeben). Von diesem Standpunkt aus ist ein Verständnis des kanonischen Rechts überhaupt unmöglich (vgl. das folgende). Allmählich aber scheint sich jetzt doch das Richtige durchzusetzen. Bereits in der Arbeit über Wesen und Ursprung des Katholizismus (1912), S. IV, VIII konnte ich auf die Förderung der Sache hinweisen, die wir der trefflichen Schrift von O. Scheel, Zum urchristlichen Kirchen- und Verfassungsproblem (Theol. Stud. u. Krit. 1912) verdanken. Vgl. jetzt ferner O. Scheel, Die Kirche im Urchristentum, bei Schiele, Religionsgeschichtliche Volksbücher, 4. Reihe, Heft 20 (1912). E. Schwartz, Kaiser Konstantin und die christliche Kirche (1913) S. 18 ff. F. Vigener, Gallikanismus, in Meineckes Histor. Zeitschr., Bd. 111 (1913) S. 496 Anm. 1.

[2] Vgl. z. B. das Schreiben des römischen Bischofs Kornelius um 250, Eusebius, hist. eccl. VI, 43, 15, ed. Schwartz, 1908, p. 264: κατὰ τὸν τῆς ἐκκλησίας κανόνα. Concil. Nicaen. I a. 325 c. 6: κατὰ κανόνα ἐκκλησιαστικόν.

§ 4. Wesen des kanonischen Rechts.

religiösen Sinn geltende Regel. Das Volk Gottes gehorcht nur dem Worte Gottes. Der Kanon der Ekklesia kann nur aus dem Kanon der Wahrheit (κανὼν τῆς πίστεως, τῆς ἀληθείας, regula veritatis), d. h. aus dem Evangelium hervorgehen³. Der

Ebenso c. 10, 16. An den meisten Stellen (c. 1, 5, 9, 10, 18) sagt das Konzil bereits schlechtweg: ὁ κανών, in c. 13: ὁ παλαιὸς καὶ κανονικὸς νόμος (das „kanonische Gesetz" ist das für die Kirche Gottes geltende Gesetz). Mit dem Ausdruck κανών verbindet sich zugleich die Vorstellung einer formulierten, irgendwie in gemeingültige Wortfassung gebrachten Regel, vgl. c. 5: τὸν κανόνα τὸν διαγορεύοντα —. c. 18: οὔτε ὁ κανὼν οὔτε ἡ συνήθεια (die bloße Gewohnheit bildet den Gegensatz zu dem bereits in bestimmtem Wortausdruck geläufigen Kanon).

³ Eusebius V, 23, 2. 4 (p. 210): Ende des 2. Jahrhunderts Synoden betr. den Osterstreit ἐκκλησιαστικὸν δόγμα τοῖς πανταχόσε διετυποῦντο— καὶ τούτων ἦν ὅρος εἷς, ὁ δεδηλωμένος. V, 24, 6. 7 (p. 211): Brief des Polykrates an Viktor von Rom: wir feiern Ostern κατὰ τὸ εὐαγγέλιον, μηδὲν παρεκβαίνοντες, ἀλλὰ κατὰ τὸν κανόνα τῆς πίστεως ἀκολουθοῦντες— πειθαρχεῖν δεῖ θεῷ μᾶλλον ἢ ἀνθρώποις. Weil es sich in der Frage der Osterfeier um eine aus dem Inhalt des Glaubens zu beantwortende Frage handelte, wurden die Kleinasiaten mit ihrem Führer Polykrates wegen Abweichung in der Osterfeier von dem römischen Bischof aus der Kirchengemeinschaft ausgeschlossen. — Eusebius VI, 43, 11 (p. 263): Brief des Kornelius: Novatian, ὁ ἐκδικητὴς οὖν τοῦ εὐαγγελίου οὐκ ἠπίστατο ἕνα ἐπίσκοπον δεῖν εἶναι ἐν καθολικῇ ἐκκλησίᾳ. Aus dem Evangelium folgt, daß nur ein Bischof sein darf: das hätte Novatian, dieser vermeintliche „Verteidiger des Evangeliums", wissen müssen. Gemeint ist mit dem „Evangelium" die Stelle Matth. 16, 18. 19. In der Verleihung der Schlüsselgewalt an den Apostel Petrus ward die Verleihung der Schlüsselgewalt (der apostolischen Gewalt) an jeden Bischof als den Nachfolger Petri und zugleich der Satz gefunden, daß nur ein Bischof in der wahren („katholischen", d. h. gemeingültig verfaßten) Ekklesia sein dürfe, damit sie wirklich eine Darstellung der Ekklesia als der Kirche Christi sei (vgl. Wesen u. Urspr. d. Kath., S. XIII, XIV: die von Cyprian vorgetragene Lehre ist, wie der Brief des Kornelius beweist, die altrömische). Dementsprechend wird der Satz, daß nur der Bischof die Binde- und Lösegewalt besitze, wie von Cyprian (ep. 15, 1; 73, 7) so vom römischen Presbyterium (Cypr. ep. 36, 1) als lex evangelica (evangelii lex) bezeichnet. In den Quaestiones ex novo testamento (von einem römischen Presbyter um 375) Qu. 93, Migne Patr. Lat. tom. XXXV, p. 2288 wird die Kirchengewalt (jus ecclesiasticum) mit der Binde- und Lösegewalt gleichgesetzt und Qu. 95 p. 2289 die Binde- und Lösegewalt evangelicum ius genannt. Vgl. Harnack, Ius ecclesiasticum, Sitzungsber. d. Akad. d. Wiss., Berlin 1903, S. 221, 222. Das gesamte katholische Kirchenrecht (die Ordnung der Kirchengewalt) ist aus dem Evangelium abgeleitetes Recht, Cypr. ed. 33, 1 (ed. Hartel p. 566): Dominus noster episcopi honorem et

Kanon der geistlichen Kirche, das Leben der Christenheit mit Gott bestimmend, kann nur Gott selbst zur Quelle haben. Die kirchliche Regel ist aus dem christlichen Glauben abgeleitet, aus dem Evangelium gefolgerte **geistlich** begründete Regel. Das kirchliche Recht (Kanon der Ekklesia) ist **nicht** „kirchliches Recht" im Sinne unserer Kirchenrechtswissenschaft, sondern **geistliches Recht**.

Der bei uns herrschenden Lehre ist es selbstverständlich, daß die rechtlich sich verfassende Kirche nach Art einer weltlichen Körperschaft als Genossenschaft, Verein, Konföderation sich „organisierte", daß folgeweise das von den Organen der Kirche geschaffene „kanonische Recht" als genossenschaftliches, durch den Gemeinwillen der Kirchenglieder erzeugtes Recht, in diesem Sinne als „kirchliches Recht" gedacht werden müsse⁴. Es war, so wird allgemein

---

ecclesiae suae rationem disponens in evangelio loquitur et dicit Petro: ego tibi dico quia tu es Petrus et super istam petram aedificabo ecclesiam meam — et tibi dabo claves regni caelorum —. Damit (mit der Gründung auf Petrus), sagt Cyprian, ist die Kirche Christi vermöge der Sukzession auf die Bischöfe gegründet: ut ecclesia super episcopos constituatur et omnis actus ecclesiae per eosdem praepositos gubernetur. Die bischöfliche Verfassung ist die „evangelische" Kirchenverfassung. Der erste Clemensbrief hatte das Kirchenrecht (Notwendigkeit von Bischöfen und Diakonen für die Eucharistie) auf das Alte Testament, eine gefälschte Jesaiasstelle, gegründet, 1. Clem. 42, 4. Seit dem 2. Jahrhundert tritt das Neue Testament, das „Evangelium", in den Vordergrund.

⁴ Das ist die Meinung schon der von früher üblichen Begriffsbestimmung, wie sie sich z. B. findet bei Richter, KR. § 4: Kanonisches Recht ist das „in den kirchlichen Satzungen enthaltene Recht"; Friedberg, KR. § 3: „das aus den kirchlichen Satzungen (canones) entspringende Recht"; Hinschius in Holtzendorffs Enzykl. d. Rechtswiss., 5. Aufl. S. 187: „die auf dem Boden der Kirche erwachsenen und durch kirchliche Organe geschaffenen Rechtsnormen". Die Idee von der genossenschaftlichen Natur des in den „kirchlichen Satzungen" enthaltenen Rechts ist dann eingehend von Scheurl in seiner Abhandlung über die Selbständigkeit des Kirchenrechts) in Doves Zeitschr. f. KR., Bd. 12, 1874, S. 52 ff.) entwickelt worden, dem dann Kahl und Stutz u. a. gefolgt sind. Die Kirche (auch die unsichtbare!) ist nach Scheurl eine „Gesamtpersönlichkeit", hat als solche einen „Gesamtwillen", der in der „Gemeinschaft des heiligen Geistes" wurzelt und „Recht setzt und schafft" (Scheurl a. a. O. S. 64 ff.). Das entspricht ganz dem Grundgedanken unserer heutigen protestantischen Kirchenrechtswissenschaft, vgl. statt aller Stutz a. a. O. (oben § 1 Anm. 1) und in

§ 4. Wesen des kanonischen Rechts.

angenommen, in der Kirche wie in irgendeinem anderen genossenschaftlichen Verband. Die „Organisation" war ein äußerliches Ding: unmittelbar die Kirche als Genossenschaft, nur mittelbar die Kirche Christi treffend. Man schuf „Organe" des Verbandes mit der durch das „Bedürfnis" geforderten Gewalt, „gleiche Grundsätze für den Glauben und das Leben auszubilden"[5]. Natürlich war das kanonische Recht „christliches" Recht. Aber „das will sagen: es hat die Grundsätze der antiken Kultur in sich aufgenommen, die Prinzipien der christlichen Sittenlehre in das Recht eingeführt: es hat das Ideal eines den Vorschriften der christlichen Religion entsprechenden Lebens bei den Völkern zu verwirklichen gesucht[6]." Das kanonische Recht ist danach nicht kraft

Kohlers Enzykl. d. Rechtswiss., Bd. 2 S. 902: das Kirchenrecht besteht in den Rechtssätzen, „die nach der erklärten Überzeugung einer kirchlichen Gemeinschaft deren Leben bestimmen sollen", es „wurzelt einzig und allein in der kirchlichen Gemeinschaft". Auf dem gleichen Boden steht auch Harnack, Ius ecclesiasticum (vgl. oben Anm. 3) S. 212 ff.: „möglich" ist (für die ersten drei Jahrhunderte) „vor allem die Ansicht von der genossenschaftlichen Rechtsbildung"; der „wirkliche geschichtliche Verlauf" zeigt eine „sich bildende familienhafte, genossenschaftliche und städtische Rechtsordnung in der Kirche", die „zu einer provinzialen und dann zu einer Art von Reichsordnung geworden ist" (S. 212); aus der in der Gemeindeversammlung gehandhabten Kirchenzucht „entwickelte sich sehr früh eine genossenschaftliche Rechtsbildung, die übrigens teilweise ihre Vorstufe und ihr Vorbild an der synagogalen hatte" (S. 218 Anm. 1). Alles nach dem Muster der Aufklärung. — Bei den katholischen Kirchenrechtsschriftstellern führt der Einfluß des katholischen Dogmas, in der Regel wenigstens, zu der richtigen Erkenntnis von dem religiösen Ursprung des kanonischen Rechts, vgl. z. B. Phillips. KR., Bd. 3 (1848) S. 608, 609: „Die canones hat die Kirche aus dem Urquell des göttlichen Wortes geschöpft, alle canones sind nur Schlußfolgerungen aus dem Dogma", ebenso Buß, Methodologie des KR., 1842, S. 16—18; Roßhirt, Kanonisches Recht, 1857, S. 5—7; Bendix, Kirche und KR., 1895, S. 11 ff. u. a. Doch findet sich auch in katholischen Darstellungen entweder eine lediglich äußere Beschreibung nach Art der zu Anfang dieser Anmerkung angeführten protestantischen Kirchenrechtslehrer (so z. B. bei Walter, KR. § 1, v. Scherer, KR., Bd. 1 § 18 II, Sägmüller, Kath. KR. § 3 III) oder, falls Anschluß an die „juristische" Methode erstrebt wird, ausdrücklich die Theorie von der genossenschaftlichen Art der Rechtsbildung (so bei Groß, Begriffsbestimmung des KR., 1872, S. 20, 21).

[5] So Friedberg, Das kanonische und das Kirchenrecht in seiner Deutschen Zeitschrift f. KR., Bd. 8 (1898) S. 3.
[6] So Friedberg a. a. O. S. 13.

seines Wesens, sondern lediglich kraft seines Inhalts „christliches" Recht, geradeso wie etwa ein auf „christliche Prinzipien" gegründetes Staatsgesetz. Der christliche Inhalt erscheint als etwas nicht begrifflich notwendiges. Es hätte auch anders sein können. Ja, wie für den staatlichen Gesetzgeber, so wäre es unter Umständen auch für das kanonische Recht richtiger gewesen, nicht allzu „ideal-christlich" zu sein, sondern die „Menschen zu nehmen, wie sie sind"[7]. In der Art der Rechtserzeugung besteht nach dieser allgemein herrschenden Auffassung kein Unterschied zwischen kanonischem Recht und weltlichem Recht. Natürlich! Genossenschaftliches Recht würde aus weltlichen Gründen (kraft genossenschaftlicher Gewalt) geltendes weltliches Recht sein.

Die Begründung der herrschenden Lehre für die Rechtsgeltung des kanonischen Rechts lautet also auf protestantischer Seite: auch wenn das in der Kirche geltende Recht sich als göttliches Recht gab, in Wahrheit war niemals der Wille Gottes entscheidend, sondern allein der Gemeinwille des kirchlichen Verbandes. Denn das kanonische Recht ward Rechtens, gleichviel ob es wirklich göttliches Recht war oder nicht. Darum ist das kanonische Recht für die wissenschaftliche Auffassung genossenschaftliches „kirchliches" Recht.

Gewiß, in Wahrheit ist das kanonische Recht kein göttliches Recht. Aber danach fragt es sich an dieser Stelle nicht. Es fragt sich nur, was ihm Rechtsgeltung verschafft hat. Das aber ist ganz allein der Inhalt des christlichen Glaubens gewesen, nicht die Wahrnehmung, daß ein genossenschaftlicher Gemeinwille für diesen oder jenen Rechtsinhalt da sei. Die Frage nach dem Grunde der Rechtsgeltung bedeutet die Frage nach den Mächten, welche geschichtlich rechtserzeugend gewirkt haben. Darüber aber entscheidet selbstverständlich nicht unsere heutige Art zu denken,

---

[7] So Friedberg S. 11, 21, 22: an dem Eherecht unseres bürgerlichen Gesetzbuches ist unter diesem Gesichtspunkt die gleiche Kritik zu üben wie am kanonischen Eherecht. Wie das BGB., so hätte, scheint es, auch das kanonische Recht seinen Inhalt weniger „ideal-christlich" gestalten können.

§ 4. Wesen des kanonischen Rechts. 27

sondern die Auffassung der Vergangenheit. Geschichtliche Tatsache ist, daß aus dem Inhalt des christlichen Glaubens Recht abgeleitet wurde — das kanonische Recht — und daß dies Recht um des christlichen Glaubens willen Rechtskraft erlangt hat. Nur aus diesem Grunde war das kanonische Recht im Mittelalter um so vieles mächtiger als das weltliche Recht, und nur auf diesem Grunde beruht noch heute die innerkirchliche Gewalt des katholischen Kirchenrechts. Das Christentum steht hinter diesem Kirchentum und seiner Ordnung. Die ganze Geschichte des kanonischen Rechts wurzelt in der Tatsache, daß es nach der ihm selber innewohnenden Grundidee kein weltliches (bloß genossenschaftliches), sondern geistliches Recht bedeutet, ein Recht ganz anderer Art als alles weltliche Recht. Nur als geistliches Recht ist es geschichtlich in Kraft getreten und nur diese Tatsache macht den Sinn des mittelalterlichen doppelten Rechts, des ius utrumque deutlich. Dem weltlichen (kaiserlichen) stand ein außerweltliches, überweltliches, vom Himmel (Gott) stammendes Recht (das kanonische, geistliche Recht) gegenüber[8]. Die Aufklärung deutete das um. Sie sah in der Kirche eine Religionsgesellschaft und in dem kanonischen Recht eine genossenschaftlich (religionsgesellschaftlich) hervorgebrachte kraft Gemeinschaftswillens geltende Gemeinschaftssatzung. Bei dieser ungeschichtlichen Art ist unsere gesamte protestantische Kirchenrechtswissenschaft geblieben. Die gegebenen Tatsachen erscheinen als gleichgültig. Sie müssen mit dem von der Aufklärung entdeckten unverbrüchlich geltenden Naturrecht in Einklang gebracht werden. Es kann doch früher nichts anderes gegolten haben als heute. So steht es auch hier. Das geschichtlich in Kraft gewesene kanonische Recht hat nichts gemein mit dem von der Aufklärung erdachten, von unserer Wissenschaft noch immer gelehrten „kirchlichen Recht".

---

[8] Als das von Gott stammende und im Verhältnis zu Gott geltende „himmlische" Recht heißt das gesamte kanonische Recht bis in das 12. Jahrhundert wie ius divinum so auch ius caeli oder ius poli. Darüber des näheren später im Kirchenrecht, Bd. 2.

§ 5.
Das kanonische Recht und der Rechtsbegriff.

Ist das kanonische Recht der katholischen Kirche Recht im Rechtssinne?

Das kanonische Recht will geistliches Recht sein. Es beansprucht Rechtsgeltung als Erzeugnis der Kirche im **religiösen** Sinne, als Hervorbringung des in der Kirche **Christi** lebenden Gottesgeistes. Das ist die Art, wie des altkanonischen so auch des neukanonischen Rechts[1]. Zwar wird das neukanonische (seit dem Ausgang des 12. Jahrhunderts entwickelte) Recht von der Kirche als Körperschaft hervorgebracht, aber unter dem Gesichtspunkt, daß diese Körperschaft mit der Kirche **Christi** zusammenfällt. Nur diese **religiöse** Tatsache begründet auch für das neukanonische Recht die Rechtsgeltung. Die römisch-katholisch (neukatholisch) verfaßte Kirche ist eine **geistliche**, geistlich (durch Gott) erzeugte, geistlich (durch Gott) regierte **Körperschaft**. So bringt sie in den Formen körperschaftlicher (weltlicher) Gesetzgebung dennoch geistliches Recht hervor. In bezug auf das Wesen des einst (zur Zeit des Altkatholizismus) durch Lehre, jetzt (zur Zeit des Neukatholizismus) durch Gesetz erzeugten Rechts besteht zwischen Altkatholizismus und Neukatholizismus kein Unterschied.

Zweifellos ist das kanonische Recht Gemeinschaftsordnung. Das neukanonische Recht regelt das aus dem körperschaftlichen (das Leben mit Gott vermittelnden) Verhältnis, das altkatholische Recht das unmittelbar aus dem Leben mit Gott entspringende kirchliche Gemeinleben. Das eine wie das andere setzt sich als notwendig zur Erhaltung der Christenheit als des Volkes Gottes. Die katholische Idee ist, daß es ohne diese Rechtsordnung kein **Christentum** gibt. Vom katholischen Standpunkt ist darum

---

[1] Die obigen Sätze vom altkanonischen (altkatholischen) und neukanonischen (neukatholischen) Recht werden im Kirchenrecht, Bd. 2 ihre Begründung finden.

§ 5. Das kanonische Recht und der Rechtsbegriff.

das kanonische Recht eine **sittlich notwendige Gemeinschaftsordnung, also Rechtsordnung** (oben § 1).

Der entscheidende Grundgedanke ist der Begriff der Kirche
Christi als einer **äußerlich sichtbaren Gemeinschaft**.
Diese durch das kanonische Recht bei Bestand erhaltene äußere
Christenheit ist das Volk Gottes auf Erden, ist das Volk, welches
durch Christum Gemeinschaft mit Gott, Vergebung der Sünden
und ewiges Leben hat. Diese katholisch verfaßte Kirche ist die
allein selig machende, durch Christum zu Gott führende
Ekklesia, die Christenheit im religiösen Sinne. Nur in dieser
äußerlich verfaßten Kirchengemeinschaft ist christlich-religiöses Leben,
ist die Wiedergeburt möglich, die den natürlichen Menschen zu
einem Kinde Gottes macht. Nur in dieser katholisch (römisch-
katholisch) verfaßten Christenheit ist der Weg geöffnet, der zu
der Vollendung der sittlichen Persönlichkeit durch den Empfang
des Geistes Christi, des Geistes Gottes führt. Um seines **sittlichen Wesens willen muß jeder Mensch zu dieser äußeren
Kirchengemeinschaft gehören**[2]. Die Mitgliedschaft in dieser
katholisch verfaßten Christenheit ist notwendig, damit der Mensch
wahrhaft ein Mensch nach dem Ebenbilde Gottes sei.

Die katholisch verfaßte Kirche ist darum vom katholischen
Standpunkt eine Zwangsgemeinschaft in dem oben (§ 1) entwickelten Sinn. Sie beruht nicht auf der Willkür ihrer Mitglieder.
Eintritt und Austritt gibt es nicht. Sie bestimmt selber, wer ihr
zugehört. Sie nimmt alle Getauften als solche, ohne Rücksicht
auf ihre Zustimmung, als sich zugehörig in Anspruch. Jeder
Getaufte ist notwendig römischer Katholik, denn er kann nicht
Christ sein, ohne der römisch-katholisch verfaßten Christenheit anzugehören. Die römisch-katholische Kirche ist die **sittlich notwendige überindividuelle äußere Gemeinschaft** aller Ge-

---

[2] Bonifaz VIII. in seiner berühmten Bulle Unam sanctam, c. 1
Extrav. comm. de maj. (1, 8): subesse Romano pontifici omni humanae
creaturae declaramus, dicimus, diffinimus et pronunciamus omnino esse
de necessitate salutis.

tauften, d. h. der gesamten Christenheit. Ihre Ordnung, das kanonische Recht, ist Zwangsordnung, keine Konventionalordnung. Sie regelt die Zuständigkeit der Schlüsselgewalt, der Gewalt im Namen Gottes zu binden (zu strafen) und zu lösen (zu begnadigen), um jedem Christen den ihm zukommenden gerechten Anteil an den Heilsgütern zu vermitteln. Ihre Ordnung, das kanonische Recht, ist als Ordnung, auch wenn im Einzelfall Unzutreffendes sich ergibt, von unbedingtem sittlichen Wert: um der Tatsache willen, daß der Bestand dieser unentbehrlichen äußeren Gemeinschaft an erster Stelle an der Ordnung als solcher hängt, an der Geltung einer aus der Vergangenheit stammenden formal verbindlichen, jeden einzelnen der Gemeinschaft unterwerfenden Regel (vgl. oben S. 7, 13). Die römisch-katholisch verfaßte Kirchengemeinschaft erzeugt durch sich selber mit ursprünglicher Kraft solche den Menschen um seines sittlichen Wesens willen formal (ohne das Recht sachlicher Prüfung) bindende Gemeinschaftsordnung. Die römisch-katholisch verfaßte Kirche ist folglich vom katholischen Standpunkt Rechtsquelle, die von ihr gesetzte Ordnung ist als solche Rechtsordnung.

Wie die katholisch verfaßte Kirche aus sich selber Recht, so erzeugt sie aus sich selber Obrigkeit. Die Schlüsselgewalt, die Gabe, das Wort Gottes zu führen, die Gabe, im Namen Gottes zu binden (zu strafen) und zu lösen (zu begnadigen) wird im Katholizismus zu einer Befehlsgewalt, welche für die Erhaltung der sichtbaren Christenheit als des Volkes Gottes zwangsweise wirksam ist. Weil die Kirche Christi dem Katholizismus die äußerlich sichtbare Christenheit ist, muß die Schlüsselgewalt, d. h. die Regierungsgewalt über die Kirche Christi, für den Katholizismus in eine äußerlich zwingende Befehlsgewalt sich verwandeln. Solche kirchliche Befehlsgewalt aber bedeutet obrigkeitliche Gewalt, denn sie verpflichtet durch sich selber, ohne Rücksicht auf Zustimmung des einzelnen und unabhängig von jeder anderen Gewalt um der sittlichen Notwendigkeit der Gemeinschaft willen, der sie entspringt, die durch sie erhalten wird. Die aus

§ 5. Das kanonische Recht und der Rechtsbegriff.

der Macht Christi (Schlüsselgewalt) erwachsende Befehlsgewalt ist sittlich notwendige, kraft des Wesens des Menschen (des Christen) Gehorsam fordernde, d. h. obrigkeitliche Befehlsgewalt.

Rechtsquelle und obrigkeitliche Gewalt sind nur verschiedene Seiten desselben Tatbestandes: des Daseins einer selbstherrlichen, durch sich selber sittlich zwingenden überindividuellen äußeren Gemeinschaft. Weil sie die alleinseligmachende (die sittlich notwendige) Kirchengemeinschaft ist, darum ist die römisch-katholische Kirche souverän, Quelle von Recht und Obrigkeit.

Im Mittelalter ist diese katholische Gedankenreihe praktisch herrschende Macht gewesen.

Die mittelalterliche Christenheit ist ein doppeltes. Sie ist die christliche Welt, sie ist die christliche Kirche[3]. Sie hat eine doppelte Verfassung: die Reichsverfassung und die (römisch-) katholische Kirchenverfassung. In der Form der Reichsverfassung ist sie die Gebieterin der Welt. In der Form der katholischen Kirchenverfassung ist sie die Kirche Christi. In beiden Formen ist sie souverän. In der Form der Reichsverfassung bringt sie das Kaisertum hervor, die weltliche Obrigkeit, in der Form der katholischen Kirchenverfassung das Papsttum, die geistliche Obrigkeit. In der Form der Reichsverfassung erzeugt sie das weltliche Recht, in der Form der katholischen Kirchenverfassung das geistliche (kanonische) Recht.

---

[3] Innozenz III. Regestorum lib. II, 209 (v. J. 1199): Schreiben an den Patriarchen von Konstantinopel Migne Patr. Lat. tom. 214 p. 759: Jacobus enim frater Domini — Jerosolymitana (ecclesia) sola contentus Petro non solum universam ecclesiam, sed totum reliquit saeculum gubernandum. Hier ist ecclesia die Christenheit als Kirche, saeculum die Christenheit als Welt. Der Papst will das Argument des Patriarchen von Konstantinopel entkräften, daß doch nicht Rom, sondern Jerusalem mater omnium ecclesiarum sei (vgl. Migne 1 cit. p. 758). Das Verhalten des Jakobus, der sich mit Jerusalem begnügt habe (!), ist nach Innozenz III. die Ursache dafür, daß Christus vielmehr dem Petrus den allgemeinen Auftrag gab: Pasce oves meas, ihm damit die Herrschaft über die gesamte Christenheit — als ecclesia und als saeculum — übertragend.

Die römisch-katholisch verfaßte Kirche ist dem Mittelalter kraft allgemeiner Überzeugung die **alleinseligmachende Kirche Christi**. Neben der weltlichen (reichsverfassungsmäßigen) steht darum eine geistliche (religiös begründete) äußere Zwangsgemeinschaft der gesamten Christenheit: die (römisch-)katholische Kirche. Daher die doppelte Souveränetät, die doppelte Obrigkeit, das doppelte Recht. Das geistliche Recht ist im Mittelalter **Recht im Rechtssinn**, ein zweites Recht neben dem weltlichen.

Die Reformation hat die Alleinherrschaft des Katholizismus gebrochen. Seit dem 16. Jahrhundert ist in den protestantischen Ländern die katholische Kirche **nicht** mehr die alleinseligmachende Kirche Christi. Für den Protestantismus gibt es überhaupt keine alleinseligmachende äußerlich sichtbare Kirche, also keine geistliche Zwangsgemeinschaft, keine äußere Kirchengemeinschaft mehr, welcher der Mensch, der Christ um seines Seelenheils, um seines sittlichen Wesens willen angehören müßte. Nur die weltliche Zwangsgemeinschaft (der Staat) ist übriggeblieben. Für den Protestantismus gibt es folgeweise **nur noch weltliche Obrigkeit und nur noch weltliches** (von der staatlichen Gemeinschaft ausgehendes) **Recht**.

Seit den Tagen der Aufklärung setzt der moderne Staat ein. Es kommt die Toleranzidee. In Deutschland bringt sie im 19. Jahrhundert den paritätischen Staat hervor.

Die Toleranzidee gehört zu den Grundlagen des Staatslebens der ganzen abendländischen Kulturwelt von heute: nicht bloß in den Staaten mit überwiegend protestantischer, sondern ebenso in den Staaten mit überwiegend katholischer Bevölkerung. Der Sieg der Toleranzidee bedeutet, daß gegenwärtig die Idee einer alleinseligmachenden äußeren Kirchengemeinschaft für die Rechtsordnung überhaupt verschwunden ist. Sie bedeutet zugleich, daß es in der ganzen abendländischen Kulturwelt **nur noch weltliche Obrigkeit und nur noch weltliches Recht gibt**. Geistliche Obrigkeit und geistliches Recht sind auf dem Boden der modernen, von der Toleranzidee beherrschten Rechtsordnung unmöglich. Die

§ 5. Das kanonische Recht und der Rechtsbegriff. 33

Kirche Christi ist keine Rechtsquelle mehr, erzeugt keine äußere Zwangsgemeinschaft, erzeugt keine Obrigkeit mehr und kein Recht. Die protestantische Idee hat gesiegt. Die staatlich verfaßte Volksgemeinschaft ist heute überall die einzige Rechtsquelle. Es gibt in der abendländischen Kulturwelt keine souveräne Kirche mehr; nur der Staat ist souverän. Eine religiöse Entwicklung hat den modernen Staat geschaffen.

Auch in Deutschland ist die Notwendigkeit der religiösen Duldung ausnahmslose Volksüberzeugung, Rechtsüberzeugung. Daß dem so ist, bestätigt der berühmte Toleranzantrag des Zentrums im Reichstage (November 1900). Er bestätigt, daß auch die katholische Bevölkerung Deutschlands der Überzeugung ist, daß es für das Rechtsgebiet keine kirchliche Zwangsgemeinschaft, d. h. keine alleinseligmachende äußere Kirchengemeinschaft gibt noch geben darf. Auch von deutschen Rechtes wegen gibt es heute keine geistliche Obrigkeit und kein geistliches Recht mehr. Beides ist von Rechtswegen unmöglich.

Im paritätischen Staat bestehen mehrere gleichmäßig privilegierte Kirchenkörper nebeneinander. Keiner von diesen öffentlichrechtlich anerkannten und ausgezeichneten Kirchenverbänden ist für die Rechtsüberzeugung der Gegenwart eine sittlich notwendige Kirchengemeinschaft, der jeder Christ als solcher anzugehören kraft seines Christentums verpflichtet wäre. Das Gegenteil ist der Fall. Über die Zugehörigkeit zu dem einen, zu dem anderen Kirchenverband entscheidet der Glaubensstand, das Bekenntnis des einzelnen. Keiner dieser öffentlichrechtlichen Kirchenverbände ist darum durch sich selber Träger obrigkeitlicher Gewalt, keiner durch sich selber Rechtsquelle. Er kann es gar nicht sein, und zwar kraft allgemeiner Rechtsüberzeugung. Soweit ein solcher Kirchenverband obrigkeitliche Gewalt verwaltet, soweit er Rechtsordnung hervorbringt, kann es nur kraft anvertrauter Staatsgewalt geschehen. Keiner dieser Kirchenverbände ist von Rechtswegen die Kirche Christi, die wahre Kirche im religiösen Sinn. Auch in Deutschland ist die Kirche Christi aus dem Rechts-

Binding-Festschrift. — Sohm. 3

gebiet verschwunden. Wie sollte geistliches Recht, von der Kirche Christi (der Kirche im religiösen Sinn) erzeugtes Recht, denkbar sein? Recht und weltliches Recht fällt auch für die deutsche Gegenwart miteinander zusammen.

Nur eine einzige Macht lehnt die ganze moderne Entwicklung ab: die amtliche Lehre der katholischen Kirche.

Ein Zugeständnis hat sie gemacht. Ihre Weltherrschaft (auch über die Christenheit als Welt) hat sie seit dem 16. Jahrhundert aufgegeben. Nationalstaat und Reformation hatten unwiderruflich der weltlichen Obrigkeit die Mündigkeit gebracht. Seitdem will die katholische Kirche unmittelbar nur noch das Kirchliche beherrschen. Aber sie setzt sich nach wie vor als eine „vollkommene", d. h. souveräne, durch sich selbst bestehende und darum allein durch sich selbst beherrschte „Gesellschaft" (societas perfecta)[4]. Denn sie setzt sich nach wie vor als die alleinseligmachende Kirche Christi. So setzt sie sich nach wie vor als geistliche Zwangsgemeinschaft, als Quelle geistlicher Obrigkeit und geistlichen Rechts. Noch heute soll ihr kanonisches Recht durch sich selber Recht sein, aus religiösen Gründen, als Erzeugnis der Kirche Christi, jeden Christen durch sich selber bindend, unabhängig von dem Staat. Noch heute geht sie von der Doppeltheit des Rechts, des weltlichen und des geistlichen Rechts aus, ihrem eigenen, dem aus Gottes Geist fließenden Recht naturnotwendig den Vorrang zusprechend vor dem weltlichen Recht. Die Ansprüche des modernen Staats auf Alleinbesitz der Souveränetät vermag sie nicht anzuerkennen. Warum? Weil sie die Kirche Christi (die alleinseligmachende Kirche) sein will.

Umgekehrt der moderne Staat. Er vermag die Ansprüche

---

[4] Das ist die seit dem 16. Jahrhundert herrschende, vom Jesuitenorden aufgenommene und demgemäß auch von dem Papsttum der Gegenwart (Pius IX., Leo XIII., Pius X.) vertretene römisch-katholische Lehre, vgl. z. B. den von Pius X. für die römische Provinz herausgegebenen Katechismus (Compendio della dottrina cristiana, Roma 1905) p. 119: La chiesa di Gesù Christo è costiuita come una vera e perfetta società.

§ 5. Das kanonische Recht und der Rechtsbegriff. 35

der katholischen Kirche nicht anzuerkennen, weil er ihr die Eigenschaft als Kirche Christi abspricht. Über diesen Punkt, über das Wesen der katholischen Kirche, über die Frage, ob sie die Kirche Christi sei, besteht die große Meinungsverschiedenheit zwischen dem modernen Staat und der katholischen Kirche, eine Meinungsverschiedenheit, die niemals ausgeglichen und durch kein Konkordat beseitigt oder auch nur abgeschwächt werden kann. Die amtliche römisch=katholische Kirche steht also unverändert auf dem Standpunkt des Mittelalters: ihr Recht ist Recht, und zwar Recht höchster Art, geistliches Recht.

Aber diese amtliche Stellungnahme des katholischen Kirchentums fällt nicht mehr mit der Rechtsüberzeugung des katholischen Volkstums zusammen. Das ist es, was schon hervorgehoben wurde, und das ist es, was die Frage nach dem Dasein geistlichen Rechts endgültig entscheidet. Natürlich, das katholische Volk Deutschlands glaubt an die römisch=katholisch verfaßte Kirche als an die alleinseligmachende Kirche Christi. Aber es will nicht mehr die Verwirklichung dieser religiösen Überzeugung auf dem Gebiete der Rechtsordnung. Es will die Duldung auch Andersgläubiger, gerade wie wir alle. Da ist zwischen Protestanten und Katholiken heute kein Unterschied. Der Katholik der Gegenwart will, daß der Glaube an die katholische Kirche als an die Kirche Christi lediglich religiöse Geltung habe. Rechtliche Folgerungen will niemand mehr daraus ziehen, jedenfalls niemand in Deutschland. Gewiß ist das Modernismus und Pius X. verdammt ihn mit aller seiner Kraft, ganz gerade so, wie seine Vorgänger ihn verdammt haben. Aber es ist Modernismus kraft einstimmiger Überzeugung, gegen den selbst das Papsttum ohnmächtig ist. Für die Rechtsordnung von heute besteht darum das ganze katholische Gedankensystem nicht mehr. Es ist für das Rechtsgebiet durch die geschichtliche Entwicklung zermalmt worden. Von öffentlichen Rechtswegen soll keine sichtbare Kirche Christi und darum kein geistliches Recht und keine geistliche Obrigkeit mehr sein.

Damit ist für die Rechtsordnung von heute die Gewalt der katholischen Kirche, des Papstes, der Bischöfe als **obrigkeitliche Gewalt gefallen**. Sie ist eine Gewalt rein religiöser Art geworden **ohne Wirkung für das Rechtsgebiet**. Zugleich ist damit das kanonische Recht **als Recht gefallen**. Es gibt nur noch weltliches (staatliches) Recht. Es ist nicht so, daß das Machtverhältnis von Staat und Kirche der rechtlichen Ordnung sich entzöge und lediglich tatsächlich bestimmbar sei[5]. Es ist von Rechts wegen heute durch den Satz geregelt, daß nur der Staat souverän ist, daß darum **jede** Kirche auf dem Gebiete der Rechtsordnung der rechtschaffenden Gewalt des Staates unterworfen ist. Gewiß, die religiöse Gewalt, welche der katholischen Kirche und ihren Bischöfen, vor allem dem Papst, über den gläubigen Katholiken geblieben ist, wirkt tatsächlich noch jetzt im innerkirchlichen Leben obrigkeitlicher Gewalt gleich. Aber sie hat aufgehört, obrigkeitliche Gewalt im Sinne der Rechtsordnung darzustellen. Gewiß ist der Staat in seiner Gesetzgebung darauf angewiesen, die religiösen Überzeugungen seiner katholischen Bürger mit schonender Nachsicht zu beachten. Aber es bleibt dabei, daß der Staat allein Quelle und Herr des geltenden Rechtes ist. Die Geltung der kanonischen Ordnung innerhalb der katholischen Kirche besteht von Rechts wegen nur kraft und nach Maßgabe des **weltlichen Rechts**.

Die allgemein herrschende Kirchenrechtslehre ist allerdings weit davon entfernt, dies Ergebnis der geschichtlichen Entwicklung zu erkennen. Sie faßt das kanonische Recht als „kirchliches", von der Kirche als Genossenschaft erzeugtes Recht. Es soll immer noch kanonisches Recht, nämlich „kirchliches" Recht, in Geltung stehen, denn immer noch erscheint die Kirche als Körperschaft, Genossenschaft innerhalb des Staates. Aber das „kirchliche" Recht unserer herrschenden Lehre ist, wie die voraufgehende Darstellung (§ 4) gezeigt hat, bloße Phantasie. Niemals ist das kanonische

---

[5] Wie **Hinschius** und **Stutz** lehren, vgl. Holtzendorffs Enzykl. d. Rechtswiss. (5. Aufl. 1890) S. 860. Kohlers Enzykl. d. Rechtswiss., Bd. 2 (1904) S. 904 (ebenso jetzt in der 2. Aufl. Bd. 5, 1914, S. 393).

§ 5. Das kanonische Recht und der Rechtsbegriff. 37

Recht „kirchliches" Recht gewesen. Schon deshalb nicht, weil „kirchliches", von der Kirche als Körperschaft kraft **genossenschaftlicher Gewalt** erzeugtes Recht **weltliches** Recht sein würde. Immer ist das kanonische Recht kraft **geistlicher Gewalt** hervorgebrachtes **geistliches**, um des christlichen Glaubens willen geltendes Recht gewesen. Es will noch heute nicht „kirchliches", sondern geistliches Recht sein. Aber **geistliches Recht gibt es nicht mehr**. Das ist es, was ausgeführt wurde.

Wie die Lehre, daß jede „organische" Gemeinschaft Rechtsquelle sei, einen Irrtum bedeutet (oben § 1), so auch die Ansicht, daß noch heute die katholische Kirche ein von staatlicher Anerkennung unabhängig „geltendes" kirchliches Recht zu erzeugen imstande wäre. Auch als „Genossenschaft" ist die Kirche zu selbständiger Rechtserzeugung unfähig, denn keine Kirche kann mit rechtlicher Wirkung den Anspruch erheben, daß ihr der Bürger kraft sittlicher Notwendigkeit zugehören müsse. Die Kirche ist heute kraft öffentlichen Rechts ein Konventionalverband (es gibt Eintritt und Austritt), die von der Kirche hervorgebrachte Regel als solche heute eine bloße Konventionalregel. Die einzige sittlich notwendige Gemeinschaft ist heute die im Staate organisierte Volksgemeinschaft. Darum gibt es nur das von **Staats wegen** geltende Recht. Genossenschaftliches Recht, körperschaftlich von irgendeiner innerhalb des Staates bestehenden Gemeinschaft erzeugtes Recht, kann nur nach Maßgabe der staatlichen Normen zustande kommen und Geltung besitzen. Alles körperschaftliche Recht, auch etwa vorhandenes kirchliches Recht kann nur Recht von **abgeleiteter Rechtsgeltung** sein (oben S. 11, 12).

Allein von dem gewonnenen Gesichtspunkt aus kann die Stellung des heutigen öffentlichen Rechts zu den kirchlichen Ordnungen richtig beurteilt werden.

Ein Beispiel soll das veranschaulichen.

In § 76 des Personenstandsgesetzes von 1875 heißt es:

„In streitigen Ehe- und Verlöbnissachen sind die bürgerlichen Gerichte ausschließlich zuständig. Eine geistliche oder eine durch die Zugehörigkeit zu einem Glaubensbekenntnis bedingte Gerichtsbarkeit findet nicht statt."

Dagegen lautet § 15 Abs. 3 des Gerichtsverfassungsgesetzes in der Fassung vom 1. Januar 1900:

"Die Ausübung einer geistlichen Gerichtsbarkeit in weltlichen Angelegenheiten ist ohne bürgerliche Wirkung. Dies gilt insbesondere von Ehe- und Verlöbnissachen."

Daß beide Reichsgesetze trotz verschiedenen Wortlautes den gleichen Inhalt haben, wird mit Recht allgemein angenommen. Aber welchen Inhalt?

Die allgemein herrschende Meinung ist, daß der letztangezogene § 15 des Gerichtsverfassungsgesetzes die "korrektere," die "präzisere" Fassung habe, daß also der erstangezogene § 76 des Personenstandsgesetzes im Sinne von § 15 des Gerichtsverfassungsgesetzes auszulegen sei: "Das Verhandeln und Entscheiden in Ehestreitigkeiten hat den geistlichen Gerichten nicht untersagt sein sollen; sie können fortamtieren, nur haben die Verhandlungen und Entscheidungen für das staatliche und bürgerliche Gebiet keine rechtliche Bedeutung und rechtliche Wirkung." [6]

Die allgemein herrschende Meinung ist also, daß geistliche Gerichtsbarkeit "nicht überhaupt, sondern nur ihre bürgerliche Wirkung" ausgeschlossen sei[7]. Aber diese Meinung ist irrig.

Selbstverständlich können sich irgendwelche katholische Konsistorialräte jeden Tag zusammensetzen und sagen: wir üben Ehegerichtsbarkeit aus. Deshalb wird ihnen nichts Leides angetan werden, so lange sie dieser Meinung weiter keine praktischen Folgen geben, so lange sie insbesondere keine Protestanten (etwa den protestantischen Eheteil einer gemischten Ehe) vor ein solches "geistliches Gericht" laden, oder ihm ihr geistliches "Urteil" in autoritärer Form kundzutun unternehmen. Ebenso ist es natürlich

---

[6] So Hinschius, Das Reichsgesetz über die Beurkundung des Personenstandes, Kommentar, 3. Aufl. 1890, S. 212. Ebenso Sartorius, Kommentar zum Personenstandsgesetz, 1902, S. 448. 449 u. a.

[7] Sartorius a. a. O.

§ 5. Das kanonische Recht und der Rechtsbegriff.

jedem Katholiken unverboten, in der Entscheidung eines solchen Kollegiums eine ehegerichtliche Entscheidung zu erblicken und sich freiwillig nach ihr zu richten. Gedanken sind zollfrei. Damit ist aber nicht gesagt, daß ein solches Vorgehen einer katholisch-kirchlichen Behörde vom Standpunkt der Rechtsordnung als Ausübung einer Ehegerichtsbarkeit in irgendwelchem Sinne anzuerkennen ist.

Kann nach heutigem deutschem Recht eine geistliche Gerichtsbarkeit bestehen, wenngleich ohne bürgerliche Wirkung?

Die „bürgerliche Wirkung" fällt mit der Wirkung für den Staat und dessen Rechtsordnung zusammen. Die geistliche Gerichtsbarkeit hat also nach dem Gerichtsverfassungsgesetz keine staatlich-rechtliche Wirkung. Liegt darin, daß sie vom Standpunkt unseres Staates und unseres Rechtes überhaupt keine rechtliche Wirkung äußert? Dann ist der § 15 des Gerichtsverfassungsgesetzes im Sinne des § 76 unseres Personenstandsgesetzes zu verstehen. Auch § 15 würde sagen (gegen die herrschende Meinung): eine geistliche Gerichtsbarkeit findet nicht mehr statt. Denn Gerichtsbarkeit ohne jede rechtliche Wirkung ist ein Widerspruch in sich selbst.

Die allgemeine Ansicht aber ist, daß im Gegenteil der § 76 des Personenstandsgesetzes im Sinne von § 15 des Gerichtsverfassungsgesetzes verstanden werden müsse. Es sei also geistliche Gerichtsbarkeit „nicht überhaupt ausgeschlossen". Es gäbe darnach für unsere Reichsgesetzgebung (Personenstandsgesetz, Gerichtsverfassungsgesetz) noch eine andere Gerichtsbarkeit als die staatliche, zwar ohne Wirkung für das staatlich geltende Recht (ohne bürgerliche Wirkung), aber doch nicht ohne jede Rechtswirkung. So müßte es für unsere Reichsgesetzgebung noch ein anderes Recht geben als das staatlich geltende Recht, ein Recht, welches auch ohne staatliche Sanktion, folglich selbst in Widerspruch mit dem staatlichen Gesetz dennoch im Sinn unserer Reichsgesetzgebung Recht wäre. Nur unter dieser Voraussetzung ist eine anderweitige Gerichtsbarkeit außer der vom

Staate abgeleiteten überhaupt denkbar. Mit anderen Worten: die gemeinübliche Lehre vom „kirchlichen Recht" ist die Voraussetzung der gemeinüblichen Auslegung unserer Reichsgesetze. Mit dem kirchlichen Recht ist auch die kirchliche Gerichtsbarkeit gerettet: sie würde nicht von staatlichrechtlicher („bürgerlicher"), aber doch von kirchlichrechtlicher Wirkung sein. Indessen: „kirchliches" Recht ist niemals dagewesen. Für die katholische Kirche ist „kirchliches" Recht vollends undenkbar[8]. Mit dem kirchlichen Recht fällt auch die kirchliche Gerichtsbarkeit. Die geistliche „Gerichtsbarkeit" wäre eine Gerichtsbarkeit ohne jede Rechtswirkung!

Nach heutigem deutschen Reichsrecht gibt es kein geistliches Recht und keine geistliche Gerichtsbarkeit mehr. Der § 76 des Personenstandsgesetzes ist der „präzisere". Der § 15 des Gerichtsverfassungsgesetzes ist, — zweifellos mit Absicht, um jeden Anstoß auf katholischer Seite zu vermeiden, — weit undeutlicher, denn er läßt die entscheidende Frage, ob überhaupt noch eine andere als die staatliche (bügerlich wirkende) Gerichtsbarkeit gedacht werden könne, unbeantwortet. Aber durch die vorsichtige Ausdrucksweise des Gesetzgebers wird die Tatsache nicht erschüttert, daß heute in Deutschland kein geistliches Recht (geschweige denn „kirchliches" Recht) in rechtlicher Geltung steht, daß es darum andere als staatliche Gerichtsbarkeit nicht gibt.

Das ist es, was uns besonders für das Gebiet des Eherechts und folgeweise auch der Ehegerichtsbarkeit durch das Deutsche Bürgerliche Gesetzbuch bestätigt wird.

Zwar führt im BGB. der erste Abschnitt des vierten Buches die Überschrift: „bürgerliche Ehe". Aber keineswegs in dem Sinne, als ob es außer der im BGB. geregelten Ehe noch eine andere Ehe, etwa eine „kirchlich geschlossene" Ehe, außer dem im BGB.

---

[8] Das kanonische Recht der katholischen Kirche soll genossenschaftlich erzeugtes Recht einer Religionskörperschaft (Religionsgesellschaft) im Sinne der Aufklärung bedeuten! Man braucht diesen Leitsatz der herrschenden Lehre nur anzusehen, um seine geschichtliche Unmöglichkeit, zumal seine Unmöglichkeit auf dem Boden des Katholizismus zu erkennen.

§ 5. Das kanonische Recht und der Rechtsbegriff.

enthaltenen Eherecht noch ein anderes Eherecht, etwa kirchliches oder geistliches Eherecht gäbe. Gerade das besagt der berühmte § 1588:

"Die kirchlichen Verpflichtungen in Ansehung der Ehe werden durch die Vorschriften dieses Abschnitts [9] nicht berührt."

Der Paragraph spricht von kirchlichen Verpflichtungen "in Ansehung der Ehe". Welcher Ehe? Der Ehe, die nach den Vorschriften des BGB. besteht (der "bürgerlichen Ehe"). Diese Ehe ist für das BGB. die Ehe (vgl. z. B. § 1317, 1564). Eine andere Ehe gibt es für das BGB. nicht. In Ansehung der Ehe, die das BGB. regelt, sind "kirchliche Verpflichtungen" möglich, deren Geltung unberührt bleibt. Das heißt: die Kirche kann für ihre Angehörigen hinsichtlich der Ehe Ordnungsvorschriften (sog. Sollvorschriften) erlassen, die ihre Angehörigen ihr gegenüber zu erfüllen verpflichtet sind. Gültigkeitsvorschriften (sog. Mußvorschriften) aber aufzustellen, ist die Kirche nach § 1588 nicht befugt. Gültigkeitsvorschriften haben bedingende, keine verpflichtende Wirkung: sie regeln nicht Verpflichtungen der Angehörigen des Gemeinwesens hinsichtlich eines Rechtsverhältnisses, sondern unmittelbar und lediglich das betreffende Rechtsverhältnis selbst. So ist die Vorschrift des BGB. § 518, nach welcher das Schenkungsversprechen gerichtlicher oder notarieller Beurkundung bedarf, keine Vorschrift über Verpflichtungen der Reichsangehörigen in Ansehung der Schenkung, sondern unmittelbar eine Vorschrift über die Schenkung. Ebenso bedeutet § 1317, nach welchem die Ehe nur vor dem Standesbeamten geschlossen werden kann, keine Vorschrift über Verpflichtungen hinsichtlich der Ehe, sondern eine Vorschrift unmittelbar über die Ehe. Von solchen, das Rechtsverhältnis selbst treffenden Gültigkeitsvorschriften ist die Kirche nach § 1588 ausgeschlossen: sie kann keine Vorschriften über die Ehe aufstellen, über Gültigkeit und Ungültig-

---

[9] Nämlich des Abschnitts über die "bürgerliche Ehe".

keit, über Zustandekommen und Aufhebung der Ehe[10]. Sie kann nur Vorschriften über Verpflichtungen ihrer Angehörigen in bezug auf die Ehe erlassen, deren Erfüllung für den rechtlichen Bestand der Ehe gleichgültig ist. Sie hat nach dem BGB. keine Ehegesetzgebung, sondern von Rechtswegen nur eine disziplinäre Gesetzgebung (die vom Staate abgeleitet ist und deshalb in den vom Staat bestimmten Grenzen sich bewegt) über das Verhalten ihrer Angehörigen zur kirchlichen Körperschaft. Die kirchlichen Vorschriften „in Ansehung der Ehe" sind **kein Eherecht**, sondern Vorschriften des **Körperschaftsrechts** über **mitgliedschaftliche** Verpflichtungen der Kirchenangehörigen.

Das BGB. kennt außer dem bürgerlichen (staatlichen) Eherecht kein anderes kirchliches oder geistliches Eherecht. Es folgt daraus wiederum, daß nach unserem Reichsrecht — entsprechend dem Rechtsbewußtsein unserer Zeit — wie geistliches Eherecht so auch geistliche Ehegerichtsbarkeit unmöglich ist. Soweit früher noch etwa geistliche Ehegerichtsbarkeit bestand, ist sie durch die Reichsgesetzgebung nicht bloß ihrer „bürgerlichen Wirkung" entkleidet, sondern **aufgehoben** worden. Der Staat von heute hat Macht über das Rechtsleben auch in der Kirche, und zwar von Rechtswegen, denn nur der Staat ist heute souverän und Rechtsquelle. Es gibt keine „vollkommene" Kirchengesellschaft mehr.

Durch die herrschende Lehre vom „kirchlichen Recht" wird das ganze öffentliche Recht der Gegenwart gefälscht.

Wo kirchliches Recht, da würde auch kirchliche Gesetzgebung und kirchliche Gerichtsbarkeit, d. h. kirchliche Obrigkeit sein. Gesetzgebung ist obrigkeitliche Rechtssetzung, Gerichtsbarkeit ist obrigkeitliche Rechtspflege, unabhängig von anderer Gewalt.

---

[10] Daß der Standesbeamte nach § 1313 die Eheleute nur kraft „dieses Gesetzes", also kraft des BGB., für „rechtmäßig verbunden" erklärt, hat folglich keine, die Rechtswirkung der standesamtlichen Eheschließung einschränkende Bedeutung, da nach dem BGB. „dieses Gesetz", nämlich das BGB., das einzige über die „rechtmäßige Verbundenheit" der Eheleute entscheidende Gesetz ist.

Gerade das ist die Meinung der Lehre vom „kirchlichen Recht". Die rechtliche Geltung des „kirchlichen Rechts", wie es auch mit der praktischen Durchsetzung bestellt sei, folgeweise ebenso die rechtliche Geltung kirchlicher Gerichtsbarkeit, kirchlicher Gesetze soll von der staatlichen Gesetzgebung unabhängig, d. h. sie soll souveräne Geltung sein. Wo Rechtsquelle ist, da ist notwendig Souveränetät[11]. Die Lehre vom „kirchlichen Recht" setzt die Kirchengewalt auch für das heutige Recht als zweite souveräne Gewalt neben die Staatsgewalt. Das aber ist das Gegenteil der Wahrheit.

In der Entwicklung der rechtserzeugenden Kräfte spiegelt sich am deutlichsten der ganze Gang der Rechtsgeschichte. An der Frage nach dem Dasein geistlichen Rechts entscheidet sich die Frage nach dem rechtlichen Machtverhältnis von Staat und Kirche, nach der rechtlichen Natur von Staatsgewalt und Kirchengewalt.

Es hat sich herausgestellt, daß es kein geistliches Recht mehr gibt. Dieser Satz bedeutet: nur noch die Staatsgewalt ist obrigkeitliche Gewalt. Obrigkeitliche Gewalt aber fällt mit öffentlicher Gewalt zusammen. So gelangen wir zu dem für das heutige deutsche öffentliche Recht grundlegenden Ergebnis: **alle öffentliche Gewalt ist heute Staatsgewalt**.

§ 6.
Der Standpunkt der lutherischen Reformation.

Die Kirche Christi ist **unsichtbar**. In diesem Satz haben wir die Eigenart des lutherischen Kirchenbegriffs, zugleich den Quellpunkt der lutherischen kirchenrechtlichen Entwicklung.

---

[11] Das lehrt denn auch Stutz, in Anschluß an Hinschius, indem er (in Kohlers Enzykl. a. a. O., vgl. oben S. 36 Anm. 5) die Kirche nebst ihrer Kirchengewalt für „inkommensurabel" erklärt mit dem Staat und der Staatsgewalt. Bei Hinschius, Staat und Kirche, in Marquardsens Handbuch des öff. R. der Gegenwart, Bd. 1, 1883, S. 254, 255 heißt es, daß die mit öffentlicher Korporationsqualität bekleidete Kirche eine eigene, nicht vom Staate abgeleitete, der staatlichen Souveränetät „verwandte" „obrigkeitliche Gewalt" besitze, die „zwar keine souveräne, aber ebenso wie die Staatsgewalt eine öffentlich=rechtliche Gewalt" sei; — ein vollkommener Widerspruch in sich selbst.

Die Kirche im religiösen Sinn, die Kirche als das Volk Gottes auf Erden ist ein Gegenstand des Glaubens, und „was man glaubt, das sieht man nicht", das kann mit den Augen des natürlichen Menschen nicht gesehen werden. Das Dasein des Volkes Gottes (der Ekklesia) bedeutet das Dasein eines neuen Lebens, eines überweltlichen Lebens inmitten dieser Welt, eines Lebens durch Christum mit und aus Gott. Daß es ein solches Leben gibt, kann dem Verstande nicht dargetan, noch von ihm begriffen werden. Die Kirche Christi ist darum für den Ungläubigen nicht da. Sie ist nur da für den, der selber an diesem Leben teil hat. Die Kirche Christi ist sichtbar für den Gläubigen. Er erkennt sie an ihren Lebenszeichen (den notae ecclesiae), vor allem an dem Leben des göttlichen Wortes: nicht an einem geschriebenen toten Wort, sondern an der Wortverwaltung (zu deren Formen auch das Sakrament gehört), an der Verkündigung der frohen Botschaft, die von Person zu Person gehend, den einen unmittelbar entzündet durch den anderen. Der Gläubige sieht, erfährt die Gemeinschaft der Gläubigen, die ihn trägt und nährt. Er empfindet die Macht, welche aus dem Leben des Volkes Gottes, aus dem lebendigen Wort in seine Seele strömt und ihn vergewissert, daß solches Wort aus göttlichem Geist geborenes an ihn gerichtetes Gotteswort bedeutet. Die Lebenszeichen der Kirche Christi (externae notae ecclesiae) werden in der äußerlich sichtbaren Christenheit offenbar — die Kirche Christi ist die Stadt auf dem Berge —, aber sie entspringen und gehören nicht der sichtbaren äußerlichen Christenheit, sondern der unsichtbaren Kirche Christi. Die unsichtbare Kirche ist eine Gemeinschaft auch dieser äußerlich erscheinenden Dinge: der in der sichtbaren Christenheit sich vollziehenden rechten Wort- und Sakramentsverwaltung, deren Frucht Friede, Freude, Gerechtigkeit und Werke christlicher Liebe sind. Aber sie ist eine Gemeinschaft dieser äußerlich hervortretenden Dinge nicht kraft äußeren gemeinsamen Besitzes, sondern nur als die Gemeinschaft des unsichtbaren geistlichen Lebens,

§ 6. Der Standpunkt der lutherischen Reformation. 45

dem Wort und Werk entspringt[1]. Darum vermag denn auch diese Gemeinschaft, der Wort und Werk zugehören, niemand

---

[1] Augsb. Konf. Art. VII (J. T. Müller, Die symbolischen Bücher der evangelisch-lutherischen Kirche, 5. Aufl. 1882, S. 40): Est autem ecclesia congregatio sanctorum, in qua evangelium recte docetur et recte administrantur sacramenta. Das Urteil: in qua recte docetur etc., fügt dem Begriff der congregatio sanctorum nichts hinzu, sondern drückt aus, was in ihm enthalten ist. Das Wesen der congregatio sanctorum (der Kirche Christi) besteht darin, daß sie die Gemeinschaft der rechten Wort- und Sakramentsverwaltung ist, daß in ihr und durch sie das Wort Gottes verkündigt wird, daß in ihr und durch sie (durch ihre Vermittlung) Christus, Gott mit seinem Wort auf Erden lebt. Nur dadurch ist sie der Leib Christi, der unsichtbare, aber doch inmitten dieser sichtbaren Christenheit wirkende Körper, in dem und durch den Christus, Gott über Menschenseelen mächtig ist. Wo das Wort des Herrn verkündigt wird, da ist der Herr. So das Urchristentum (vgl. die Apostellehre IV, 1; ὅθεν γὰρ ἡ κυριότης λαλεῖται, ἐκεῖ κύριός ἐστιν mit den von Harnack in seiner Ausgabe angezogenen Parallelen); so auch die Augustana. Wo das Wort Gottes lebt, da ist das Volk Gottes. Die „Gemeinschaft der Heiligen", die wahre Kirche ist die Gemeinschaft der externae notae ecclesiae, der wahren, d. h. der lebenskräftigen Lehre und Sakramentsverwaltung. Das bestätigt die Apologie der Augsburgischen Konfession Art. VII, VIII (Müller S. 152): ecclesia non est tantum societas externarum rerum ac rituum sicut aliae politiae, sed principaliter est societas fidei et spiritus sancti in cordibus, quae tamen habet externas notas (das sind die externae res, die der societas fidei gemeinsam sind), ut agnosci possit, videlicet puram evangelii doctrinam et administrationem sacramentorum consentaneam evangelio Christi. Et haec ecclesia (welche die societas fidei ist und die externae notae hat) sola dicitur corpus Christi, quod Christus spiritu suo renovat, sanctificat et gubernat. Die Kirche Christi (communio sanctorum) ist ihrem Wesen nach (principaliter) eine societas fidei in cordibus. Aber sie hat externae notae und muß sie haben, ut agnosci possit, damit sie (für den Gläubigen) erkennbar und wirkungsfähig sei. So ist die societas fidei zugleich eine societas externarum rerum ac rituum: der reinen Lehre und Sakramentsverwaltung. Der unsichtbaren Kirche gehört das reine Gotteswort, ein Satz, der mit dem anderen gleichbedeutend ist, daß auch das reine Gotteswort (pura doctrina), obgleich in der Form der Wortverkündigung zu den äußerlich erscheinenden Dingen (externae res) zählend, dennoch als solches (als das reine Wort) unsichtbar, d. h. nur dem Gläubigen sichtbar ist. Nur der Gläubige erkennt das wahre Wort an seiner Gotteskraft. Das äußerlich sichtbare Wort und Sakrament, welches der äußerlich sichtbaren „leiblichen" Christenheit (der später sogenannten ecclesia visibilis) angehört, fällt als solches nicht mit dem wahren Wort und Sakrament zusammen. Diese äußerlich sichtbare

zu sehen, es sei denn der Gläubige. Nur der Gläubige sieht und weiß, daß dies Wort und dies Werk Gottes Wort und Gottes Werk ist. Der Ungläubige sieht und hört nur das äußerliche, d. h. das tote Wort. Allein der Gläubige sieht, hört, erkennt das lebendige Wort, das aus dem Leben Gottes mit seinem Volke quellende Wort.

Die Kirche im religiösen Sinn, die Gemeinschaft des Volkes Gottes auf Erden, ist, auch sofern sie Wort und Sakrament besitzt, keine äußerlich sichtbare Größe. Sie kann darum kein objektives, anstaltliches, irgendwie auf den Besitz äußerlich wahrnehmbarer „heiliger Dinge" gegründetes Dasein haben. Die Kirche im Sinne der lutherischen Reformation ist keine heilige Anstalt, sondern ein heiliges Volk (Luther: ein christlich heilig Volk, das da glaubt an Christum): auch kein Volk, dem ein bestimmter (wenngleich äußerlich nicht wahrnehmbarer) Personenkreis fest angehörte, sondern ein Volk, dessen Glieder durch die Trägerschaft eines in Bewegung befindlichen, vom einen auf den anderen hinüberwirkenden geistlichen Lebensstromes bestimmt werden. Volk Gottes, Kirche Christi ist da, wo das neue Leben durch Christum mit und aus Gott sich verwirklicht, Leben von überirdischer Kraft, heute vielleicht in Dir mächtig, morgen in einem anderen. Das Volk Gottes ist keine irgendwie anstaltlich oder persönlich gebundene, faßbare Gemeinschaft. Das Volk Gottes ist unsichtbar[2].

Gemeinschaft kann überhaupt die notae ecclesiae nicht als ihr Eigentum besitzen: sie ist ja ohnedies sichtbar, bedarf keiner notae und hat darum keine notae, ut agnosci possit. Die unsichtbare Kirche, welche in der äußerlich sichtbaren Christenheit verborgen lebt, ist allein die Kirche Gottes, welche die notae ecclesiae hervorbringt, welche das wahre Gotteswort besitzt, — nicht als ein äußerlich wahrnehmbares Besitztum (das ist für die unsichtbare societas fidei in cordibus überhaupt unmöglich), sondern so, daß in ihr und durch sie das wahre Gotteswort gelehrt, d. h. zu dem lebendigen Wort gemacht wird, in dem täglich aufs neue Christi Geist, Gottes Geist der nach Gott dürstenden Menschheit sich offenbart.

[2] Hier muß zu der von Tröltsch, Die Soziallehren der christlichen Kirchen und Gruppen (Gesammelte Schriften, Bd. 1 1912) entwickelten Auffassung Stellung genommen werden. So geistvoll seine glänzenden Aus-

§ 6. Der Standpunkt der lutherischen Reformation.

Luthers Kirchenbegriff unterscheidet sich von dem Kirchenbegriff des Urchristentums. Gewiß. In der Erkenntnis des

führungen über den lutherischen Kirchenbegriff und dessen Folgesätze sind (S. 439 ff., 513 ff.), so entschieden fordern sie dennoch, und zwar gerade in Bezug auf den Hauptpunkt, den Widerspruch heraus. Die in der lutherischen Reformation sich durchsetzende religiöse Idee entspricht nach Tröltsch (S. 448) dem „Kirchentypus". Den „Kirchentypus" aber hat Tröltsch (S. 362 ff., 368, 369, 488—490) ausschließlich an der Hand des katholischen Kirchentums gebildet. Entscheidend für den „Kirchengedanken" ist ihm die Auffassung der Kirche Christi (also der Kirche im religiösen Sinn) als einer Heilsanstalt, die, unabhängig von den subjektiven Leistungen der Personen, eine objektive Heiligkeit durch die objektive Göttlichkeit des der Anstalt eignenden Gnadenschatzes besitzt (Folgesätze: massenbeherrschende Organisation, Unterwerfung der weltlichen Obrigkeit, Entwicklung eines göttlichen Kirchenrechts). Die lutherische Lehre überhaupt ist für Tröltsch (S. 447) nur eine „Reduktion des mittelalterlichen Dogmas" (so Tröltsch obgleich die Hauptsache am mittelalterlichen Dogma, nämlich seine Unfehlbarkeit, verschwunden und damit das Dogma als „Dogma", als religiös bindende Lehre für die lutherische Reformation aufgehoben ist!). Dementsprechend ist denn auch für Tröltsch (S. 447, 450) der lutherische Kirchenbegriff nur eine „Reduktion", eine „Reform" des katholischen Kirchenbegriffs. Das eine ist so unzutreffend wie das andere, obgleich Tröltsch in bezug auf den Kirchenbegriff die herrschende Lehre (von der Kirche als einer göttlichen Anstalt) für sich hat. Auch nach lutherischem Begriff soll (lehrt Tröltsch) die Kirche im religiösen Sinne eine Heilsanstalt sein, deren objektive Heiligkeit durch die objektive Göttlichkeit, zwar nicht mehr der Tradition, des Priestertums, des äußerlichen Sakraments (wie nach katholischer Anschauung), aber des „Worts" begründet wird. Unter „Wort" versteht Tröltsch hier die Bibel, das „durch die Bibel vermittelte Christusbild" (S. 440, 441), das „biblische Wort von Christus" (S. 450), das „Wort von der Sündenvergebung" (S. 490). Das „biblische Wort von Christus" ist „der aller Subjektivität entrückte, schlechthin gesicherte und mit supranaturaler Wirkungskraft ausgestattete soziologische Beziehungspunkt, von dem aus es gilt, die Kirche zu rekonstruieren"; es leistet dem Protestantismus, was Episkopat und Papsttum dem Katholizismus geleistet hatten (S. 450). Zwar muß die Kirche nicht bloß im Wort, sondern auch in der wiedergeborenen heiligen Gemeinde bestehen, aber diese Gemeinschaft wahrer Christen ist immer nur das Korrelat, Produkt des sie erzeugenden Wortes und des Predigtamtes; wäre auch nur ein Gläubiger da, so „wäre die Kirche als Anstalt da", denn sie ist „im Wort immer virtuell enthalten"; „die Kirche wäre da, auch wenn es nichts gäbe als das Wort" (S. 450). Luther will „die Objektivität der Anstalt und die Subjektivität der persönlichen Christlichkeit in seinem Begriff von Wort und Glaube als den bildenden Grundkräften der Kirche vereinigen" (die Kirche Luthers würde also auch nach Tröltsch eigentlich beides sein sollen, zugleich Anstalt und Gemeinschaft, ebenso wie nach der herrschenden Lehre). In seiner ersten Zeit wollte Luther

Wesens des Christentums sind wir auch durch das Urchristentum nicht gebunden. Luther hat seinen Kirchenbegriff aus dem von

---

darum einen „Mittelweg" zwischen Kirchenideal und Gemeindeideal, aber der Kirchengedanke behielt die Vorherrschaft und bestimmte ausschließlich die endgültige Ordnung (S. 467, 468 in der Anm.). Das Entscheidende für Luthers Kirchenbegriff ist nach Tröltsch die Gründung der Kirche auf den Besitz der wunderkräftigen Schrift. „Die Schrift als die Trägerin der reinen Lehre von der sündenvergebenden und erneuernden Gnade bewirkt alles rein durch sich selbst, durch ihre dem Glauben gewisse innere Wunderkraft"; „die Schrift oder der in und durch die Schrift wirksame Christus vollzieht das Werk der Predigt und der Sakramente," der Geistliche ist „nur ihr Organ": „die Schrift oder Christus durch sie flößt den Glauben, die Liebe und den Gehorsam ein," „durch die Schrift regiert Christus die Kirche"; die Gemeinde ist „nur das Produkt der Schrift und der reinen Lehre" (S. 514, 515). Das geistliche Amt ist demnach „die geordnete Durchgangsstelle für die Selbstauswirkung der Schrift" (S. 515), ein „Schriftamt" (S. 519), und die Kirche im religiösen Sinn eine „auf das Wunder der Schrift erbaute Schriftkirche" (S. 515). So Tröltsch. Aber gerade das Gegenteil ist die Meinung der lutherischen Reformation. Man braucht nur die Augustana aufzuschlagen. Trotz des lutherischen „Schriftprinzips" (Ablehnung der Tradition) gehört die Schrift nicht zu den notae ecclesiae. Gerade weil sie etwas Objektives, geschichtlich Gegebenes, äußerlich Wahrnehmbares ist. Die Schrift kann überall sein, auch bei Ungläubigen. Was heute den Gläubigen das Dasein des Volkes Gottes gewiß macht (nota ecclesiae), ist nicht das in der Vergangenheit abgeschlossene Schriftwort als solches, sondern das in der Gegenwart lebendige Gotteswort, genährt an dem Heilsinhalt der Schrift, aber nicht gebunden an den Buchstaben der Schrift. Das redende Evangelium, in unserer Sprache sprechend, ewigen Inhalt in immer neuen Zungen verkündigend, ist, wenngleich in den vergänglichen Formen unseres Geisteslebens dargeboten, die Macht und das Kennzeichen des Volkes Gottes. Nicht das „biblische Christusbild", sondern der in den Gläubigen lebende Christus selber ist der kostbare, überirdische und überschwängliche Besitz der Kirche Christi, sich offenbarend nicht in der Schrift, sondern in der Predigt des Evangeliums. Das sagt die Augustana mit den Worten: in qua recte docetur evangelium. Genau das gleiche sagt auch Luther. Bei Tröltsch heißt es: wo das Wort (die Bibel) ist, da ist die Kirche als Anstalt; bei Luther aber: wo das Wort („Tauff und Evangelium") ist, da sind Heilige. Tröltsch: die Schrift ist das Kennzeichen der Kirche; Luther: visibile signum ecclesiae omnium potissimum evangelium; non de evangelio scripto sed de vocali loquor. Tröltsch: Die Schrift „bewirkt alles durch sich selbst"; Luther: „Gott hat beschlossen, daß niemand soll und kann glauben noch den heiligen Geist empfahen ohne das Evangelium, so mündlich geprediget wird". Tröltsch: „Christus regiert die Kirche durch die Schrift"; Luther: „Christus herrscht allein durch das mündliche Wort oder Predigtamt."

§ 6. Der Standpunkt der lutherischen Reformation.

ihm neu erlebten Inhalt des Evangeliums geschöpft. Die altheidnische und altjüdische Vorstellung von einem national bestimmten Volke Gottes war schon vom Urchristentum überwunden. An die ganze Völkerwelt erging die Predigt des Evangeliums, die Berufung zur Bürgerschaft im Volke und Reiche Gottes. Aber der Gedanke eines sichtbaren Volkes Gottes behauptete sich als letzter Nachklang der uraltheidnischen Idee von der Zugehörigkeit der Volksgottheit zu diesem sichtbaren Volk: war doch die Christenheit das neutestamentliche Volk Israel. So war das Urchristentum zu der Unsichtbarkeit des Volkes Gottes noch nicht gelangt. Dadurch ist das Urchristentum katholisch

---

Tröltsch: Die Kirche entsteht durch die Schrift; Luther: Dadurch, daß „Gottes Wort gesagt wird, darumb wirt die Kirche"; Tröltsch: durch das Mittel des Predigtamts („Schriftamts") wirkt die Schrift; Luther: „wenn Gottes Wort aus einem gläubigen Munde hergeht, so sind es lebendige Wort und können vom Tode erretten". (Die im vorigen benutzten Äußerungen Luthers sind bereits gesammelt in: Kirchenrecht Bd. 1, S. 465, 466, 469, 492 in den Anmerkungen.) Nach Tröltsch wäre lutherisch die Schrift der Leib Christi (das Organ des Lebens Christi auf Erden), für Luther und das lutherische Bekenntnis aber ist (ebenso wie für das Urchristentum) das Volk Gottes (congregatio sanctorum) der Leib Christi. Die Kirche Gottes ist lutherisch eine Volkskirche, ein „christlich heilig Volk", keine „Schriftkirche". Das lutherische Bekenntnis setzt die Kirche im religiösen Sinn nur als Gemeinschaft, nicht als Anstalt. Es gibt nichts Objektives, äußerlich Wahrnehmbares, worauf sie gegründet, woran sie gebunden, wodurch sie mit objektiv heiligem Besitz ausgerüstet wäre. Auch gibt es keinen irgendwie in ihr ständig vereinigten Kreis von heiligen Personen. (man darf die Kirche des lutherischen Bekenntnisses darum auch nicht als „Personenvereinigung" bezeichnen). Heilig ist in ihr und an ihr nur das Leben, welches, aus Gott stammend, in die Herzen der Gläubigen sich ergießt, ein Strom göttlichen Geistes von ungebundenem, unberechenbarem und unsichtbarem Lauf. Darum ist die Kirche Christi unsichtbar. Das ist die neue Erkenntnis gegenüber dem Urchristentum. Das ist zugleich die Überwindung des Katholizismus. Der katholische Kirchenbegriff ist durch die Reformation Luthers nicht bloß „reduziert" oder „reformiert", sondern aufgehoben worden. Die Kirche Christi ist nicht die sichtbare Gemeinschaft objektiver Heiligtümer, sondern die notwendig unsichtbare Gemeinschaft, Teilhaberschaft unsichtbaren heiligen Lebens. Damit ist der „Kirchentypus" in dem von Tröltsch entwickelten Sinne für die lutherische Reformation ausgeschlossen. Der lutherische Kirchengedanke ist nicht eine Abart des katholischen, sondern die Macht, vor welcher alles katholische und katholisierende Kirchentum verschwindet.

geworden³. Die Entdeckung Luthers aber, daß die Kirche Christi unsichtbar sei, schloß die Aufhebung der Nachwirkungen uralten Heidentums und zugleich die Aufhebung des Katholizismus in sich.

Die Kirche Christi ist unsichtbar. Darum gibt es keine sichtbare Gemeinschaft, welche als solche die Kirche Christi wäre. Auch sofern sie Wort und Sakrament besitzt und verwaltet, ist die sichtbare, „leibliche" Christenheit **nicht** Kirche Christi. Sie besitzt Wort und Sakrament nur äußerlich, scheinbar. Gerade sofern es wahres Gotteswort ist, das in der sichtbaren Christenheit sich geltend macht, gehört es **nicht** der sichtbaren, sondern der verborgenen, unsichtbaren Christenheit. Die sichtbare Christenheit hat nicht den Geist Gottes, ist nicht das Volk Gottes, hat **nicht** das Wort Gottes. Die sichtbare Christenheit ist nicht mehr ein doppeltes, wie dereinst im Mittelalter. Sie ist nur noch die christliche **Welt**, nicht auch die christliche Kirche. Auch sofern sie Wort- und Sakramentsgemeinschaft hervorbringt, ist sie **nur Welt, gar nicht Kirche. Es gibt keine sichtbare Kirche**⁴.

---

³ Das ist der Inhalt meiner Abhandlung über Wesen und Ursprung des Katholizismus (1912). — Vgl. auch oben S. 15, Anm. 8.

⁴ Kahl, Der Rechtsinhalt des Konkordienbuchs (Berliner Festgabe für O. Gierke, 1910) S. 21, 22 behauptet, daß die lutherischen Bekenntnisschriften eine „Zweiheit des Kirchenbegriffs" haben: einerseits die Kirche kraft „Einheit des Glaubens" (die unsichtbare Kirche), andererseits die Kirche kraft „Einheit von Wort und Sakrament" (die sichtbare Kirche). Kahl verkennt die Tatsache, daß die notae ecclesiae der unsichtbaren Kirche zugehören (vgl. oben Anm. 1). Gerade die unsichtbare, wahre, über alle sichtbaren Kirchengemeinschaften ausgebreitete Kirche Christi hat die „Einheit von Wort und Sakrament" (nämlich des wahren Worts und des wahren Sakraments), wie auch die (sichtbaren) Bekenntnisse der (sichtbaren) einzelnen Kirchengemeinschaften lauten mögen. Kahl meint, daß nach den Bekenntnisschriften die unsichtbare Kirche (die „Personenvereinigung im Geist") „ohne äußere Kennzeichen" sei. Aber gerade das Gegenteil ist der Inhalt des lutherischen Bekenntnisses. Das Richtige hat hier bereits R. Seeberg, Studien zur Geschichte des Begriffs der Kirche (1885) S. 93, 101. Luther, Von dem Papsttum zu Rom (1520) spricht zwar von „zwo Kirchen", der „geistlichen innerlichen" und der „leiblichen äußerlichen" Christenheit. Aber nur die geistliche (unsichtbare) Kirche ist ihm die „wesentliche und wahrhaftige", die leibliche (sichtbare) Kirche dagegen eine „gemachte und äußerliche". Es geschieht dem Wort „Kirche" Gewalt, ja es dient zur „Verführung der Seelen", wenn auch solch „äußerlich Wesen" den Namen

§ 6. Der Standpunkt der lutherischen Reformation.

So ist Wort und Bekenntnis der sichtbaren Christenheit als solches immer nur Wort und Bekenntnis der christlichen Welt, nie=

Kirche führt. Die Schrift kennt, sagt Luther, nur eine Kirche, die geist= liche; lediglich von menschlicher Rechtsordnung („geistlichem Recht und Menschengesetz") wird auch die leibliche Kirche (die Kirche im Rechtssinn) eine Kirche genannt (Luthers Werke, Weim. Ausg. Bd. 6, S. 296, 297; Erl. Ausg. Bd. 27, S. 101, 102). Dementsprechend erscheint wie in der Augustana, so auch in der Apologie (vgl. oben Anm. 1) nur die unsichtbare Kirche, die congregatio sanctorum, die societas fidei, als die Kirche, als die „eigentliche", die „wahre" Kirche; nur sie ist das corpus Christi, das regnum Christi, die Trägerin der signa ecclesiae, die Wohnstätte des heiligen Geistes. Keine externa politia ist Kirche (Apol. Art. VII, VIII, Müller S. 154: quid intererit inter populum legis et ecclesiam, si ecclesia est externa politia?); die äußerlich sichtbare Gemeinschaft, in welcher Böse und Gerechte durcheinander sind, ist nicht Kirche, sondern Welt, Apol. VII, VIII (S. 155): agrum (das Land, auf welches der Same des göttlichen Wortes ausgestreut wird) dicit mundum esse non ecclesiam. Die äußerlich sichtbare Gemeinschaft von Wort und Sakra= ment (die externa politia) ist nicht sichtbare Kirche, sondern keine Kirche. Diese Klarheit des reformatorischen Kirchenbegriffs ist erst in der dritten Ausgabe von Melanchthons Loci (von 1543) getrübt worden (vgl. See= berg S. 111. Rieker, Rechtliche Stellung der evangelischen Kirche S. 48). Hier erscheint eine doppelte Kirche: neben der ecclesia invisibilis die ecclesia visibilis, die äußere Gemeinschaft von Wort und Sakrament. Das ist von der lutherischen Orthodoxie aufgenommen worden. Auch die externa societas signorum ac rituum ecclesiae, der coetus vocatorum (im Gegensatz zum coetus electorum) ist und heißt Kirche, ecclesia visi= bilis (vgl. Seeberg S. 141 ff.). So wurde der Gedanke der Aufklärung möglich: Kirche, nämlich sichtbare Kirche, ist die christliche Religionsgesell= schaft (vgl. Seeberg S. 155. Rieker S. 241, 242). Auch die rechtlich verfaßte Kirche, die Kirche im Rechtssinne empfing den Namen Kirche. Das ist der noch heute allgemein herrschende Sprachgebrauch, zugleich die Quelle vielfältiger Begriffsverwirrung. Das Wort Kirche ist dadurch noch „blinder" geworden als es jemals war. Der lutherischen Reformation ist (ebenso wie dem Katholizismus und der ganzen alten Zeit) Kirche nur die Kirche im religiösen Sinn, also lutherisch (im Gegensatz zum Katho= lizismus) nur die unsichtbare Kirche. Erst das lutherische Epigonentum hat die sichtbare, verfaßte „Kirche" zur „Verführung vieler Seelen" gleich= falls unter den Kirchenbegriff gebracht und damit die noch heute herrschende Vorstellung erzeugt, als ob auch in der rechtlich verfaßten Kirche als solcher etwas Geistliches, etwas von Kirche im religiösen Sinn sein müßte. Durch die Idee von der äußerlich sichtbaren Kirche ward der noch immer gemeinverbreitete, katholisierende, geistliche und leibliche Kirche vermengende Begriff von der Kirche als göttlicher Anstalt hervorgebracht. Gerade diesen unlutherischen Standpunkt verteidigt auch Tröltsch als den echtlutherischen (vgl. oben Anm. 2). Infolge dessen fehlt auch bei Tröltsch in der Dar=

mals Wort und Bekenntnis der christlichen Kirche (der Kirche Christi). Das Wort der christlichen Welt ist selbstverständlich

---

stellung der lutherischen Reformation die scharfe Scheidung zwischen der sichtbaren äußerlichen Wort= und Sakramentsgemeinschaft und der (unsichtbaren) Kirche. Von Tröltsch wird vielmehr das corpus Christianum, die christliche Gesellschaft, d. h. der christliche Staat, mit der Kirche Luthers (dem heiligen christlichen Volk!) gleichgesetzt. Es heißt z. B. S. 470: „Beide Ordnungen, die gesellschaftlich=staatliche und die kirchlich=geistliche Einheit fallen ihm (Luther) wie dem Mittelalter zusammen." S. 471: Die Forderung der „christlichen Gesellschaftseinheit" bedeutete das „Ideal der Einheitskirche". S. 451: Durch Luther ist „die allgemeine Welt= kirche nicht aufgehoben und damit der Katholizismus gewahrt"; „nicht die unsichtbare Kirche ist das richtige Kennwort für Luthers Kirchenbegriff, obwohl er selbst gelegentlich diesen verwirrenden Ausdruck gebraucht hat, sondern die an Wort und Sakrament sichtbare, in ihren rein geistigen Wirkungen dagegen unsichtbare und unmeßbare Kirche". Ja, wenn das richtig wäre, wenn Luthers Ideal wirklich eine sichtbare, die ganze „christliche Gesellschaft" (das corpus Christianum) umspannende Welt= kirche gewesen wäre, so wäre er katholisch geblieben. Es ist aber nichts gewisser als dieses, daß für Luther und die lutherischen Bekenntnisschriften die christliche Kirche (die „geistliche" Christenheit) etwas ganz anderes ist als die christliche Welt (die „leibliche" Christenheit, der „christliche Körper"). Die Kirche (die geistliche wahre Kirche) ist für Luther nicht bloß, wie Tröltsch behauptet, in ihren „rein geistigen Wirkungen" (das würde auch vom katholischen Standpunkt zutreffen), sondern in ihrem Dasein unsichtbar (das ist es, was den Katholizismus aufhebt). Der Anstaltsbegriff, von dem auch Tröltsch für die lutherische Lehre von der Kirche ausgeht, fordert etwas Äußerliches, Sichtbares, Organisatorisches, „Soziologisches". Tröltsch findet diesen „soziologischen Beziehungspunkt" für die Kirche des lutherischen Bekenntnisses in der Schrift (oben Anm. 2). Wo die Schrift ist, da soll nach Tröltsch das „Wort" und damit die Kirche Luthers sein. Die Schrift ist sichtbar. Die „christliche Gesellschaft" hat die Schrift, das sichtbare Wort (sie ist die äußere Gemeinschaft von Wort und Sakrament). So wäre die christliche Gesellschaft zugleich die christliche Kirche (die Kirche Luthers), auch wenn wenige oder vielleicht gar keine wirklich Gläubigen in ihrer Mitte sind (Tröltsch S. 450: im Wort ist die Kirche als Anstalt). Aber wiederum ist nichts gewisser als dieses, daß kein geschriebenes Wort, nicht die Schrift, auch kein aufgesetztes Bekenntnis, sondern nur das lebendige Wort für die lutherische Reformation das Kennzeichen der wahren Kirche darstellt, und daß das lebendige Wort als Wort Gottes nur dem Gläubigen sichtbar, d. h. unsichtbar ist. Gottes „Wort und Sakrament" ist ein Gegenstand des Glaubens, und „was man glaubt, das sieht man nicht". Tröltsch setzt das Wort als sichtbar. Das ent= spricht der Art der lutherischen Orthodoxie (die hier unter dem Einfluß der humanistischen Auffassung des „Wortes" stand, vgl. Walter Sohm, Die Schule Johann Sturms und die Kirche Straßburgs, 1912, S. 217, 218).

§ 6. Der Standpunkt der lutherischen Reformation.

religiös unverbindlich, ist fehlbares Menschenwort, nicht unfehlbares Gotteswort. Sichtbares (äußerlich sichtbares) Bekenntnis (Wort) der unsichtbaren Kirche Christi aber ist überhaupt nicht vorstellbar. So gibt es keine unfehlbare Kirche.

Die Kirche Christi ist keine Bekenntniskirche. Hätte sie ein sichtbares Lehrbekenntnis, so wäre sie nicht unsichtbar. Ihr Wesen ist nicht formulierte Lehre, sondern Teilhaberschaft an dem durch Christum der Welt gebrachten geistlichen, göttlichen, heiligen Leben, das mit den verschiedensten Arten und Stufen geistlicher Erkenntnis sich verbinden kann. Darum ist nach unstreitiger protestantischer Glaubensüberzeugung die christliche Kirche (die wahre Kirche, die Kirche im religiösen Sinn) über alle Bekenntnisse ausgebreitet. Sie ist überkonfessionell. Sie kann nicht konfessionell sein. Sie hängt niemals an dem: was dünkt euch von Christo? Das ist eine Frage für Schriftgelehrte und Pharisäer, deren Weisheit daran zuschanden wird. Sie hängt nur an dem: hast du Christum? Hast du durch Christum den gnädigen Gott gefunden als den Herrn und als die Quelle deines Lebens? Das Wort des Evangeliums, der frohen Botschaft von dem Reiche Gottes in den Menschenherzen kann in kein Menschenwort eingefangen werden. Immer muß der christliche Glaube nach einem Ausdruck ringen, in welchem er den Inhalt seiner Zuversicht sich zum Bewußtsein bringt. Undogmatisches Christentum gibt es nicht. Immer muß Dogmatik sein, aber niemals Dogmen, mit deren Feststellung endgiltig „Beschluß" über das Wesen des Christentums gefaßt

---

Aber es entspricht nicht der Art des lutherischen Bekenntnisses. Auf dem Gebiet des Staatslebens (der „christlichen Gesellschaft") hat Luther dem Mittelalter reichlich seinen Tribut gezahlt. Das steht an dieser Stelle nicht in Frage. Auf dem Gebiet des kirchlichen Lebens (im religiösen Sinn), d. h. des geistlichen Lebens hat Luther dennoch das Mittelalter und mit ihm den Katholizismus in allen seinen Stücken aus den Angeln gehoben und damit weitgehende Wirkung auch auf die weltliche Entwicklung geübt. Die Kraft aber, durch welche die lutherische Reformation zu solcher Großtat befähigt wurde, war der die ganze Folgezeit beherrschende, zu immer mächtigerer Wirkung aufsteigende Gedanke von der unsichtbaren Kirche und dem unsichtbaren Wort.

wäre. Auch in der unvollkommensten Dogmatik kann der alleinseligmachende Inhalt des Evangeliums enthalten und wirksam sein. Aber ein alleinseligmachendes Dogma, eine **alleinseligmachende Lehre gibt es nicht**[5]. Der Protestantismus kennt überhaupt keinen Glauben an eine Kirchenlehre, auch keinen Glauben an die Schrift. Das wäre bloßes Fürwahrhalten. Glauben im protestantischen Sinn ist Welt und Tod überwindendes Vertrauen. Glauben kann man nur an eine lebendige Persönlichkeit: an Christum und durch Christum an Gott. Nicht irgendwelche Lehre, nur der Glaube macht selig, der in dem dargebotenen Wort des **Hirten Stimme** hört. Nicht irgendwelche sichtbare Lehrgemeinschaft, nur die unsichtbare Glaubensgemeinschaft der Kirche Christi kann die alleinseligmachende Gemeinschaft sein. **Es gibt keine sichtbare alleinseligmachende Kirche.**

---

[5] Tröltsch a. a. O. S. 467, 472, 520 (in der Anm.) spricht von dem lutherischen „Gedanken der alleinseligmachenden Kirche" und von dem aus diesem Kirchengedanken folgenden „Ideal einer universalen Herrschaft der absoluten und alleinseligmachenden Wahrheit (S. 520: „der alleinseligmachenden objektiven Lehre") über die Gesellschaft", die der Staat dann mit seinen Zwangsmitteln verwirklicht. Aber die Zwangsherrschaft des landesherrlichen Kirchenregiments in den lutherischen Landen, die zum Teil grausame Verfolgung von Schwärmern und Täufern ist zweifellos **nicht** eine Folge des lutherischen Kirchenbegriffs, sondern eine Nachwirkung des vom Mittelalter übernommenen, von Luther noch nicht überwundenen katholischen Staatsbegriffes (der Idee des christlichen Staates). Daß es im Grundsatz vom lutherischen Standpunkt keine unfehlbare Kirche gab und gibt, und folgeweise keine unfehlbare, d. h. keine alleinseligmachende Kirchenlehre, steht außer allem Zweifel. Die Idee einer sichtbaren, die reine Lehre besitzenden Kirche (ecclesia visibilis vera) stammt aus den späteren Jahren Melanchthons: sie ist lutherisch-orthodox (vgl. Seeberg, S. 110, 141, 148, 151), aber nicht lutherisch. Ja, man wird sagen müssen: der lutherische Begriff der unsichtbaren Kirche, von dem aus jede religiöse Verbindlichkeit der amtlichen Kirchenlehre verschwand, war die entscheidende große Wahrheit, welche dem Toleranzgedanken der Zukunft und damit der ganzen Aufklärungsbewegung die Bahn brach. Gerade der Selbstwiderspruch, den die weltliche Zwangsherrschaft des landesherrlichen Kirchenregiments vom lutherischen Standpunkt in sich trug, bedeutete die innere Notwendigkeit, kraft deren im Laufe der Folgezeit die Aufhebung jeder Gewalt des Staates über den Inhalt des religiösen Lebens sich durchsetzte. — Vgl. Th. Brieger, Die Reformation, 1914, S. 85, 86.

§ 6. Der Standpunkt der lutherischen Reformation.

Alles was in katholischem Sinne Kirche heißt, ist verschwunden. In den weiten Landen der Christenheit ist keine Kirche Christi mehr zu sehen. Sie ist da, sie lebt, aber sie lebt nur als die unsichtbare „Seele" der sichtbaren „leiblichen" Christenheit.

Auch für die lutherische Reformation steht das Ganze des gesellschaftlichen Lebens noch unter religiösen Vorzeichen. Der Gedanke des christlichen Staates ist noch da. Darin ist die Art des Mittelalters geblieben. Die Größe, um welche es sich in der gesamten gesellschaftlichen Ordnung handelt, ist die Christenheit, und zwar die Christenheit als der sichtbare Leib der unsichtbaren Kirche Christi. Aber die Ordnung der sichtbaren Christenheit kann nur weltliche, kann nur staatliche Ordnung sein.

Immer noch erscheint die Christenheit als die sittlich notwendige äußere Gemeinschaft, der im Grundsatz die ganze Menschheit angehören muß. Die Idee des Weltreichs ist noch am Leben. Die Idee des Weltrechts ist mit ihr verbunden. Gerade in den Tagen der Reformation vollzieht sich in Deutschland die Aufnahme des „kaiserlichen gemeinen" Rechts, des römischen Weltrechts.

Für alle Getauften erscheint die sichtbare Christenheit als die weltliche Zwangsgemeinschaft, deren Ordnungen und Obrigkeiten (Kaiser, Landesherr, Ortsgewalten) sie kraft ihres Christenstandes ohne Rücksicht auf ihren Willen unterworfen sind. Auch sofern die sichtbare Christenheit für Wort- und Sakramentsverwaltung organisiert ist, bedeutet sie die Christenheit als weltliche Zwangsgemeinschaft, der jeder Christ als solcher zugehört und Gehorsam schuldet. Auch die um Wort und Sakrament versammelte sichtbare Christenheit ist Welt.

Hier wird der ungeheure Umschwung offenbar, der — trotz des Fortwirkens der Idee der Christenheit, und trotz der andauernden Herrschaft religiöser Gedanken über die zwangsweise Handhabung der „christlichen" Staatsgewalt — die Welt der Reformation von der Welt des Mittelalters scheidet. Ein Erdbeben hat stattgefunden. Der eine von den beiden Hochgipfeln, in denen der gesellschaftliche Aufbau der Christenheit sich emportürmte, ist eingestürzt. Das Papsttum, die geistliche Obrigkeit, ist nicht mehr vorhanden. Auch die Gemeinschaft von Wort- und Sakramentsverwaltung ist als Stück der Welt der **weltlichen Obrigkeit** untertan.

Es gibt **keine geistliche**, d. h. keine von Gottes Geist erfüllte und geleitete Zwangsgemeinschaft mehr, keine **sichtbare** Gemeinschaft, welcher der Christ angehören müßte, um an Gottes Geist, Gottes Gnadenführung und Gnadengaben Anteil zu erlangen. Der Christ gehört notwendig zur Christenheit als Welt (Staat). Aber es gibt keine andere äußere Gemeinschaft, der er kraft seines Christenstandes anzugehören hätte. Die geistliche wahre Christenheit Luthers ist keine äußere Gemeinschaft. So kann sie keine Zwangsgemeinschaft sein. Die Kirche Christi des lutherischen Glaubensbekenntnisses ist darum **keine Rechtsquelle**. Die geistliche Kirche Luthers ist durch keine äußere Ordnung bedingt, kann durch keine äußere Ordnung begründet oder aufgehoben oder berührt werden[6]. Es gibt **kein geistliches**

---

[6] Tröltsch, S. 518—520 will in Anschluß an die bisher herrschende Lehre den Satz festhalten, daß vom lutherischen Standpunkt „dogmatisch die Notwendigkeit eines geordneten Amtes gegeben war". „Daß ein Amt überhaupt sei, und daß es auf geordnete Weise übertragen werden müsse", erscheint als „Gottesordnung". „So bleibt also ein ius divinum auch im Protestantismus", „ein Kirchenrecht **iure divino**", soweit es sich um das Dasein des Amtes überhaupt und um dessen geordnete Besetzung handelt. Durch diese „indirekte Göttlichkeit des Grundelements des Kirchenrechts" werde dann auch dem übrigen „vom Staate ausgeübten Kirchenrecht der Schimmer einer gewissen Göttlichkeit", eine „gewisse Halbgöttlichkeit" mitgeteilt. Aber Art. XIV der Augustana (quod nemo debeat in ecclesia **publice** docere aut sacramenta administrare, nisi rite vocatus) handelt nur vom öffentlichen Predigtamt, d. h. von dem Predigtamt, welches **nicht** der Kirche im religiösen Sinne angehört. Der Kirche im religiösen Sinn entspringt lediglich das Predigtamt, welches „allen Christen gemein ist", das im allgemeinen Priestertum enthaltene „Predigtamt" eines jeden gläubigen Christen. Dies allgemeine, aller rechtlichen Befugnisse entbehrende Predigtamt besteht „iure divino" (im protestantischen Sinn vgl. unten), d. h. kraft des Wesens des Christentums. Das öffentliche, mit Rechten ausgerüstete Predigtamt aber beruht auf menschlichem Belieben, welches das, was allen (iure divino) zuständig wäre, um der Ordnung willen einem einzelnen als Amt überträgt. Es hat rechtliche Gemeindebildung (Pfarrsprengel, Bistum u. dergl.) zur Voraussetzung. Es gehört,

§ 6. Der Standpunkt der lutherischen Reformation.

Recht. Wie keine äußere Ordnung, so ist auch keine äußerlich wirkende Befehlsgewalt denkbar, die um der Erhaltung der geistlichen Kirche willen notwendig wäre. Das geistliche Leben der Kirche Christi fordert keine Zwangsgewalt, kann durch keine Zwangsgewalt begründet oder aufgehoben oder berührt werden. **Es gibt keine geistliche Obrigkeit.** Die Kirche Christi kann keine irgend welchem äußeren Gemeinleben selbstherrlich gebietende Macht sein. Als unsichtbare Größe ist sie unabhängig von jeder weltlichen Gewalt, aber auch ihrerseits jeder äußerlich wirkenden Gewalt unfähig. **Es gibt keine selbstherrliche Kirche.**

---

was ja allem Zweifel entrückt ist, zu der äußeren Ordnung der **sichtbaren** Christenheit, der leiblichen „Kirche", wenngleich es in seiner Tätigkeit der wahren Kirche (dem „Kirchenregiment" im religiösen Sinne) dient. In Art. XIV beschäftigt die Augustana ebenso wie in den beiden nächstfolgenden Artikeln XV (de ritibus ecclesiasticis) und XVI (de rebus civilibus) sich mit der Ordnung der sichtbaren **weltlichen** Christenheit, also mit einer Ordnung, die zwar religiöse Beweggründe, aber keinen religiösen Inhalt hat, folglich kein geistlich wirkendes und darum kein geistlich notwendiges „göttliches Recht" zum Ausdruck bringt. Darum sagt denn auch Luther in seiner Schrift vom Papsttum a. a. O. (oben Anm. 4), daß die geistliche wahre Kirche auch „ohne den Leib", d. h. auch ohne eine ihr dienende rechtliche Ordnung der leiblichen Christenheit (ohne „Pfarr, Bistum, Erzbistum, Papsttum") bestehen könne (es „lebet wohl die Seele im Leibe und auch wohl ahn den Leib"). Das öffentliche Predigtamt ist als solches für Luther **weltliches** Predigtamt (gehört zu dem „äußerlichen Wesen"), ist iure divino (geistlich) **entbehrlich**: nichts „Göttliches", noch „Halbgöttliches", nur das Ordnungsbedürfnis der äußeren weltlichen Gemeinschaft kommt in ihm zum Ausdruck und lediglich um dieses **weltlichen** Ordnungsbedürfnisses willen wird „ordentliche Berufung" gefordert. Die allgemein herrschende (auch z. B. von Kahl, Rechtsinhalt des Konkordienbuches, S. 22, 23 vertretene) Lehre, daß in der Notwendigkeit von Wort- und Sakramentsverwaltung (Hervorbringung der externae notae ecclesiae) eine „Verbindungslinie" von der geistlichen Kirche „zur Verfassung" liege, ist **unlutherisch**. Die geistliche Kirche erzeugt mit Notwendigkeit **Versammlungen** (denen heute diese, morgen andere angehören können), aber keine **Körperschaft** (keine rechtlich verfaßte Gemeinde). Das ist der Standpunkt des Urchristentums (Wesen und Ursprung d. Kath., S. XXIX) und ebenso der lutherischen Reformation. Religiös ist nicht bloß das „Wie" der Rechtsordnung für Predigtamt und Gemeinde, sondern auch das „Daß", das Dasein von öffentlichem Predigtamt und rechtlich verfaßter Gemeinde gleichgültig (die wahre Kirche lebt auch „ahn den Leib"). Alles, was göttliches Recht in katholischem oder halbkatholischem Sinne heißen könnte, ist durch den lutherischen Kirchenbegriff **ausgeschlossen**.

Alle diese Sätze gelten, obgleich die Kirche Christi eine Gewalt besitzt: die Schlüsselgewalt. In der katholischen Kirche ist aus der Schlüsselgewalt geistliche Gesetzgebungsgewalt, Regierungsgewalt, Zwangsgewalt geworden. In der lutherischen Kirche ist das undenkbar. Die Schlüsselgewalt ist die Gewalt, das Wort Gottes zu führen, mit der Kraft Gottes das Evangelium zu verkündigen, durch das göttliche Wort zu strafen und zu trösten, zu verurteilen und freizusprechen. Die Verkündigung des Evangeliums bedeutet Erschließung des Himmelsreichs, Weiden des Volkes Gottes, Regierung des Volkes Gottes: die Schlüsselgewalt ist geistliche (aus dem Geist Gottes stammende) Regierungsgewalt. In der katholischen Kirche soll mit der Schlüsselgewalt ein sichtbares Volk regiert werden. So muß die Schlüsselgewalt sichtbare Zwangsgewalt sein. Lutherisch soll mit der Schlüsselgewalt ein unsichtbares Volk geleitet, gestraft, erquickt werden. So ist sichtbare Zwangsgewalt unmöglich. Nur durch das Wort, nicht durch den Zwang kann Schlüsselgewalt geübt, kann das Evangelium dargebracht, kann die Kirche Christi gebaut werden. Die Kirche Christi will keine Zwangsordnung, keine Rechtsordnung.

Gewiß, aus dem Leben der Kirche Christi entspringen notwendig Versammlungen, in denen das Wort verkündigt, das Sakrament verwaltet wird. Aus der Ordnung solcher Versammlungen geht geschichtlich, wo das Christentum von der Volksmenge angenommen ist, ein öffentliches Amt des Wortes hervor, welches ordentliche Berufung zur Grundlage hat. Selbst eine Stufenfolge einander übergeordneter Ämter kann sein. Aber solche Ordnung kann niemals im Namen der Kirche Christi als notwendig gefordert und zwangsweise durchgesetzt werden. Ordnung ist immer nur Ordnung der christlichen Welt. Für die unsichtbare Kirche gibt es keine äußere Ordnung, d. h. alle äußere Ordnung, wie sie auch sei, ist religiös gleichgiltig, ist nur weltlich erheblich und fällt daher unter die weltliche Obrigkeit. Aus den im Schoße der sichtbaren Christenheit lebendigen religiösen Kräften heraus kann nur eine auf freiwillige Unterwerfung

§ 6. Der Standpunkt der lutherischen Reformation.

gegründete „Politie" erzeugt werden, die weder religiöse noch rechtliche Verbindlichkeit besitzt, deren Bestand ausschließlich auf den durch christliche Liebe bestimmten freien Willen angewiesen ist[7]. Wer das Amt der Schlüssel verwaltet, wird regelmäßig auch zu dem Urteil über die beste Art äußerer Ordnung berufen sein. Aber die etwa von ihm entworfene „Kirchenordnung" ist **ohne Rechtsgeltung**. Sie ist bloß „menschliche", religiös gleichgiltige Ordnung und darum ohne die Kraft geistlichen (göttlichen) Rechts. Sie ist andererseits nicht von der Obrigkeit erlassen und darum auch ohne die Kraft des weltlichen Rechts. Die sichtbare Christenheit als Wort- und Sakramentsgemeinschaft trägt nach den lutherischen Bekenntnisschriften **keine ihr als solcher zukommende rechtserzeugende Kraft** in sich. Sie ist keine „Genossenschaft", die „kirchliches" Recht hervorzubringen vermöchte. Sie hat keine genossenschaftliche Verfassung, hat keine genossenschaftliche, ihr als solcher zukommende Gewalt. Sie ist überhaupt nichts für sich, ist keine vom Staat sich unterscheidende selbständige Gemeinschaft religiösen Lebens, ist kein besonderes kirchliches „Gemeinwesen". Sie ist vielmehr dieselbe weltliche Christenheit, der die weltliche Obrigkeit gesetzt ist. Sie ist **durch die weltliche Obrigkeit verfaßt** und wird durch die weltliche Obrigkeit regiert. Der Gedanke, daß das „christliche Volk" kraft der in ihm lebendigen Kirche Christi eine „Genossenschaft" sei und sich grundsätzlich genossenschaftlich ordne und verwalte[8], mit anderen Worten das Kollegialsystem, stammt aus der Aufklärung und ist **wider das lutherische Bekenntnis**. Die „Kirchenordnung" der Reformationszeit kann rechtliche Kraft nicht durch die

---

[7] Als solche Freiwilligkeitskirchenordnung wollten die Reformatoren die ganze bestehende katholische Kirchenordnung anerkennen. Vgl. Kirchenr., Bd. 1, S. 540, 541.

[8] Das ist der Grundgedanke der Schrift von Th. Kaftan, Vier Kapitel von der Landeskirche (2. Aufl. 1907), der darin der allgemein herrschenden Lehre folgt, vgl. z. B. Stutz, KR. in Kohlers RE., Bd. 2 (1904) S. 957 (2. Aufl. 1914, Bd. 5 S. 460). v. Gierke, Das deutsche Genossenschaftsrecht, Bd. 3 (1881), S. 799 ff., Bd. 4 (1913), S. 66, 365.

„Kirche" in irgendwelchem Sinn, sondern nur durch die weltliche Obrigkeit erlangen. Sie ist niemals genossenschaftliches „kirchliches", sondern immer nur obrigkeitliches weltliches Recht.

Die herrschende Lehre erklärt auch das kanonische Recht der katholischen Kirche für „kirchliches" Recht. Gerade durch diese Idee wird es unserer Kirchenrechtswissenschaft unmöglich, den Wesensgegensatz zwischen katholischem und protestantischem Kirchenrecht wahrzunehmen. Das eine wie das andere erscheint als auf weltliche Art „genossenschaftlich" hervorgebrachtes Recht, das eine wie das andere als eine äußerliche Ordnung menschlichen Gemeinlebens. Warum sollte solches katholisches „kirchliches" Recht (das kanonische Recht) nicht vom Protestantismus übernommen werden? Von einigen „Mißbildungen" abgesehen, ist das katholische Kirchenrecht gerade so gut wie irgend ein anderes. Im kanonischen Recht als solchem liegt also nichts Unchristliches, nichts Unprotestantisches. Luthers Widerstand gegen das kanonische Recht als etwas Widerchristliches erscheint als geradezu unbegreiflich. So kam denn auch (nach gemeinverbreiteter Meinung), was kommen mußte. Es dauerte nicht lange, so war „die erste Leidenschaft gegen das Corpus iuris canonici überwunden"[9]. Das protestantische Kirchenrecht setzte sich selbst als eine geläuterte Fortentwicklung des katholischen. „Die Reformation war eine Erneuerung des Glaubens, nicht des Rechts[10]." „Überwältigend tritt überall" (in den lutherischen Bekenntnisschriften) „der Gesichtspunkt hervor, daß es um eine Erneuerung der Rechtsordnung überhaupt nicht geht;" das kanonische Recht bleibt für die lutherische Kirche subsidiär in Geltung, soweit es nicht dem Evangelium widerspricht[11].

So wird durch die Idee vom „kirchlichen" Recht (und dem damit gegebenen Gedanken vom einerlei Kirchenrecht) die ganze Geschichte des Kirchenrechts unverständlich.

---

[9] Kahl, Rechtlicher Inhalt des Konkordienbuchs, S. 4.
[10] Kahl in Deutsch-Evangelisch, 1. Jahrg., 1910, S. 21.
[11] Kahl, Rechtlicher Inhalt des Konkordienbuchs, S. 4.

§ 6. Der Standpunkt der lutherischen Reformation.

Als ob kanonisches Recht vom protestantischen Standpunkt überhaupt gedacht werden könnte! Als ob es möglich wäre, das protestantische Kirchenrecht als einen Abkömmling des kanonischen Kirchenrechts zu begreifen!

Sicher ist in den lutherischen Bekenntnisschriften oft genug von dem kanonischen Recht, ja von „göttlichem" und „menschlichem Recht" ganz nach katholischer Weise die Rede[12]. Namentlich Melanchthon liebt es, mit solchen katholisch klingenden Ausdrücken zu spielen. In dem Augsburgischen Glaubensbekenntnis und ebenso in der Apologie werden die canones der alten Kirche zur Verteidigung des lutherischen Standpunktes angerufen, ja es wird erklärt, daß man sich der ganzen „kanonischen Politie" als einer Ordnung „menschlichen Rechts" zu unterwerfen bereit sei, wenn nur die Predigt des Evangeliums frei bleibe[13]. Noch bei Abfassung der Schmalkaldischen Artikel gibt Melanchthon seine Unterschrift dahin ab, daß er gewillt sei, selbst die Papstgewalt als „nach menschlichem Recht" bestehend anzuerkennen[14].

Aber durch alle solche Wendungen soll nur der Eindruck verstärkt werden, daß die Protestanten keine Umsturzpartei sind, daß sie wie in ihrem Bekenntnis so auch in der äußeren Ordnung des Kirchentums die alte wahre katholische Kirche gegen den entstellten falschen Katholizismus der Gegen-

---

[12] Das hat Kahl in seiner Schrift über den rechtlichen Inhalt des Kontordienbuchs, S. 4 ff., 42 ff. trefflich und eindringlich dargestellt.

[13] Vgl. namentlich Augsb. Konf., Art. XXVIII (Müller (S. 69): Nunc non id agitur ut dominatio eripiatur episcopis. Apologie Art. XIV (Müller S. 205): Nos summa voluntate cupere conservare politiam ecclesiasticam et gradus in ecclesia factos etiam humana auctoritate. S. 206: Hic iterum volumus testatum, nos libenter conservaturos esse ecclesiasticam et canonicam politiam, si modo episcopi desinant in nostras ecclesias saevire. Art. XV S. 212: Verius servamus canones quam adversarii.

[14] Müller S. 326: Ego Philippus Melanchthon supra positos articulos approbo ut pios et christianos. De pontifice autem statuo, si evangelium admitteret, posse ei propter pacem et communem tranquillitatem christianorum, qui jam sub ipso sunt et in posterum sub ipso erunt, superioritatem in episcopos, quam alioqui habet, iure humano etiam a nobis permitti.

wart verteidigen, daß sie die Erhaltung des rechten Katholizismus, nicht seine Zerstörung auf ihre Fahne geschrieben haben. Noch war die Hoffnung nicht aufgegeben, daß die ganze Kirche den großen Fortschritt machen werde. Darum kommt man der Überlieferung entgegen, soweit es möglich ist. Der Sinn der Wendungen aber, in denen man mit dem Katholizismus sich begegnet, ist trotzdem ein durchaus unkatholischer. Wie das Glaubensbekenntnis, trotz Übernahme der alten Symbole, für den Protestantismus eine ganz andere Bedeutung hatte als für den Katholizismus, so auch das auf die äußere Ordnung bezügliche „göttliche" und „menschliche" Recht. Das „göttliche Recht" in den Zeugnissen der lutherischen Reformation ist gar kein Recht. Es ist „seinem Wesen nach etwas anderes als das ius divinum des kanonischen Rechts"[15]. Es ist lediglich religiöse Wahrheit, Evangelium[16]. Genau das Gleiche aber gilt von dem ius humanum der Bekenntnisschriften. Es ist seinem Wesen nach etwas anderes als das ius humanum des Katholizismus. Es ist kirchlich (menschlich) gewillkürt und darum vom lutherischen Standpunkt unverbindliche Ordnung des äußeren kirchlichen Lebens. Es ist, wie wir schon gesehen haben, kein „kirchliches Recht", keine Rechtsordnnng, die durch sich selber im Gewissen verpflichtete. Es beruht auf einer menschlichen Überlieferung (traditiones humanae), die man aus freien Stücken (libenter) soweit sie dem Evangelium nicht widerspricht, um der „Liebe und Einigkeit", um des „Friedens und der gemeinen Ruhe willen" beobachten kann[17]. Es ist ohne jeglichen Rechtscharakter.

---

[15] Kahl, Rechtlicher Inhalt des Konkordienbuchs, S. 42 ff., 47.

[16] Augsb. Konf. Art. XXVIII (Müller S. 64): Secundum evangelium seu, ut loquuntur, de iure divino. Kahl, S. 44: „Ius divinum" (im Sinne der Bekenntnisschriften) „ist jede Ordnung, welche sich unmittelbar auf das Evangelium gründet und darin als unwandelbarer Wille Gottes sich bezeugt; es ist überall nicht im technischen Sinne eines Rechtssatzes, sondern allgemein als ordinatio, als mandatum Dei zu verstehen." Vgl. auch Kirchenrecht, Bd. I S. 473 Anm. 27, S. 475 Anm. 32.

[17] Luther in den Schmalk. Art., Pars III, Art. X (Müller S. 323): Si episcopi suo officio recte fungerentur et curam ecclesiae et

§ 6. Der Standpunkt der lutherischen Reformation.

Die canonica politia des katholischen Kirchenrechts hat vom lutherischen Standpunkt keine andere Art als die „Zeremonien", äußeren Ordnungen, die ein lutherischer Pastor („Bischof") für den sonntäglichen Gottesdienst in seiner Gemeinde einführt. Man fügt sich dem aus Liebespflicht „um der Liebe und des Friedens willen". Aber Rechtsordnung, das kirchliche Leben formal bindende Ordnung ist das niemals (so lange nicht der Rechtsbefehl der weltlichen Obrigkeit hinzutritt). Geschweige denn, daß es kanonische Rechtsordnung wäre, Rechtsordnung, der man um des „Kanons der Wahrheit", um des göttlichen Wortes willen gehorchen müßte[18]. Kanonisches Recht will kraft der Schlüssel=

evangelii gererent, posset illis nomine caritatis et tranquillitatis, non ex necessitate, permitti, ut nos et nostros concionatores ordinarent et confirmarent. — Melanchthon will propter pacem et communem tranquillitatem selbst die „Superiorität des Papstes" als iure humano bestehend, d. h. obgleich sie rechtlich unverbindlich ist, anerkennen (oben Anm. 14). Das ius humanum Melanchthons bedeutet gleichfalls nur ein posse ei a nobis permitti. Darum wird die Freiwilligkeit der Unterwerfung unter die „kanonische Politie" betont, vgl. das libenter oben Anm. 13 und unten Anm. 19. Religiös ist nur die Schrift, das Evangelium (das ius divinum im protestantischen Sinne) verbindlich, alle menschliche Ordnung (ius humanum) unverbindlich.

[18] Augsb. Konf. Art. XXVIII (Müller, S. 67): Liceat episcopis seu pastoribus facere ordinationes, ut res ordine gerantur in ecclesia, non ut per illas mereamur gratiam aut satisfaciamus pro peccatis aut obligentur conscientiae, ut iudicent esse necessarios cultus ac sentiant se peccare, quum sine offensione aliorum violant. — Tales ordinationes convenit ecclesias propter caritatem et tranquillitatem servare eatenus, ne alius alium offendat. ut ordine et sine tumultu omnia fiant in ecclesiis (1. Cor. 14, 40. cf. Phil. 2, 14), verum ita, ne conscientiae onerentur, ut ducant res esse necessarias ad salutem. — Hier wird die Gewalt der „Bischöfe oder Pastoren" zum Erlaß von „Kirchenordnungen" genau dahin umschrieben, daß sie nur religiös unverbindliche Ordnungen aufzustellen befugt sind. In der Aufstellung von solchen äußeren Ordnungen üben sie nicht die Schlüsselgewalt, verkündigen sie nicht aus dem Geiste Gottes fließendes, sondern lediglich menschliches, nicht „im Himmelreich bindendes" Wort. Damit ist jede Möglichkeit kanonischer Rechtsordnung ausgeschlossen. Der Christ gehorcht solcher von den Trägern des geistlichen Amtes ausgehenden Ordnung nicht als im Gewissen vor Gott dazu verpflichtet, sondern nur „um der Liebe und des Friedens willen", damit er

gewalt gelten, will geistliches (nicht „kirchliches"!), im Evangelium begründetes, aus dem Geist Gottes fließendes, um des rechten Christentums willen geltendes, darum religiös verbindliches Recht sein. Das katholische ius humanum ist zwar nicht unmittelbar im Evangelium enthalten (wie das ius divinum), wird aber aus dem Evangelium abgeleitet, will im Sinne des Evangeliums sein und nimmt darum auf Grund des Evangeliums religiöse Verpflichtungskraft in Anspruch. Auch das ius humanum verpflichtet den Christen um seines Glaubens, um seines Christenstandes willen. Ohne den Gehorsam gegen das gesamte kanonische Recht kein wahres Christentum und keine wahren Christen! Mit diesem Wesen des kanonischen Rechts halte man die bei unserer protestantischen Kirchenrechtslehre schon im 17. Jahrhundert und ebenso noch heutigen Tags herrschende Lehre zusammen, daß die lutherische Reformation keine „Erneuerung des Rechts", vielmehr das lutherische Kirchenrecht eine Fortentwicklung des kanonischen Kirchenrechts bedeute!!

In der Geltung des kanonischen Rechts kommt das Wesen des Katholizismus, die Gleichsetzung der sichtbaren Kirche mit der Kirche Gottes, die Gleichsetzung des Gehorsams gegen die sichtbare Kirche mit dem Gehorsam gegen Gott zum Ausdruck. Gerade so spricht das Wesen des Protestantismus in der Nichtgeltung, in der Unmöglichkeit kanonischen Rechts sich aus. Das kanonische Recht widerstreitet dem Evangelium von der Rechtfertigung allein durch den Glauben. Es richtet neuen Gottesdienst auf. Es schafft äußere Ordnungen, denen genügt werden soll, um vor Gott Rechtfertigung zu erlangen. Das ist Fälschung des Evangeliums. Das ist Einführung neuen jüdischen Gesetzeswerks: Dem muß aus allen Kräften Widerstand

---

anderen keinen Anstoß gebe. Genau in dieser Weise bestimmt Luther und in der Sache ebenso Melanchthon in den Schmalkaldischen Artikeln sein Verhältnis zu der kanonischen Politie (oben Anm. 14, 17): das sind Ordnungen, denen wir „um der Liebe und des Friedens willen" uns freiwillig unterwerfen können, aber niemals Ordnungen kraft geistlichen (religiös verbindlichen) Rechts.

§ 6. Der Standpunkt der lutherischen Reformation.

geleistet werden. Immer wieder wird das in den Bekenntnisschriften ausgesprochen [19]. Im Kernpunkt des Protestantismus,

[19] Unzählige Male wird in den lutherischen Bekenntnisschriften betont,
daß die Bischöfe als Träger des geistlichen Amts keine im Gewissen ver-
bindliche Kirchenordnungen, d. h. daß sie kein kanonisches Recht
machen können. Vgl. Anm. 18, ferner Augsb. Konf., Art. XV (Müller,
S. 42): De ritibus ecclesiasticis docent (ecclesiae apud nos), quod
ritus illi servandi sunt, qui sine peccato servari possunt et prosunt
ad tranquillitatem et bonum ordinem in ecclesia, sicut certae
feriae, festa et similia. De talibus rebus tamen admonentur homines,
ne conscientiae onerentur, tamquam talis cultus ad salutem
necessarius sit. Die Hauptstelle steht Art. XXVIII (Müller, S. 65 ff.):
disputatur utrum episcopi seu pastores habeant ius instituendi cere-
monias in ecclesia et leges de cibis, feriis, gradibus ministrorum
seu ordinibus cet. condendi: — — Sed de hac quaestione nostri sic
docent, quod episcopi non habent potestatem statuendi
aliquid contra evangelium —. Porro contra scripturam
est traditiones condere aut exigere, ut per eam observationem
satisfaciamus pro peccatis aut mereamur gratiam et iustitiam. — — Relinquitur igitur, quum ordinationes institutae
tamquam necessariae aut cum opinione promerendae gratiae
pugnent cum evangelio, quod non liceat illis episcopis tales
cultus instituere aut exigere. Necesse est enim in ecclesiis retineri
doctrinam de libertate christiana, quod non sit necessaria ser-
vitus legis ad iustificationem —. Darauf folgt die oben Anm. 18 bereits
angezogene positive Ausführung. — Apol. Art. VII, VIII (Müller, S. 159):
Constat enim multas stultas opiniones de traditionibus serpsisse in
ecclesiam. Nonnulli putaverunt humanas traditiones necessarios cultus
esse ad promerendam iustificationem. Et postea disputaverunt, qui
fieret quod tanta varietate coleretur Deus, quasi vero observa-
tiones illae essunt cultus et non potius externae et poli-
ticae ordinationes, nihil ad iustitiam cordis seu cultum Dei
pertinentes —. Item aliae ecclesiae alias propter tales traditiones
excommunicaverunt, ut propter observationem paschatis, picturas et
res similes. Unde imperiti existimaverunt fidem seu iustitiam cordis coram Deo non posse existere sine his ob-
servationibus. Exstant enim de hoc negotio multa inepta scripta
Summistarum et aliorum. Art. XV (Müller, S. 208): Nulla traditio a
sanctis patribus hoc consilio instituta est, ut mereatur remissionem
peccatorum aut iustitiam. (Augustin und die anderen Kirchenväter glaubten
die Lutherischen auf ihrer Seite zu haben; daß auch die patres katholisch
waren, sah man nicht). S. 212: traditiones veteres factas in ecclesia
utilitatis et tranquillitatis causa libenter servamus — exclusa
opinione, quae sentit, quod iustificent. Art. XXVIII (S. 287 ff.):
docent nos adversarii, quod episcopi habeant auctoritatem
condendi leges utiles ad consequendam vitam aeternam.

in seinem Verständnis des Evangeliums liegt der Widerspruch gegen alles kanonische Recht (als solches) begründet. Der Katholi=

De hoc articulo controversia est. Oportet autem in ecclesia retinere hanc doctrinam, quod gratis propter Christum fide accipiamus remissionem peccatorum. Oportet et hanc doctrinam retineri, quod humanae traditiones sint inutiles cultus, quare nec peccatum nec iustitia in cibo — et similibus rebus collocanda est —. Itaque nullum habent ius episcopi condendi traditiones extra evangelium, ut mereantur remissionem peccatorum, ut sint cultus quos approbat Deus tamquam iustitiam et qui gravent conscientias ita ut peccatum sit eos omittere. — — Certum est enim, sententiam illam (Luc. 10, 16): Qui vos audit, me audit, non loqui de traditionibus, sed maxime contra traditiones facere — requirit enim Christus, ut ita doceant, ut ipse audiatur, quia dicit: Me audit. Igitur suam vocem, suum verbum vult audiri, non traditiones humanas. — Citant et hoc (Ebr. 13, 17): Obedite praepositis vestris. Haec sententia requirit obedientiam erga evangelium — nec debent episcopi traditiones contra evangelium condere aut traditiones suas contra evangelium interpretari. — Abwechselnd ist von ritus ecclesiastici, ceremoniae, traditiones humanae, ordinationes, leges die Rede, deren Beobachtung um des Seelenheils willen notwendig ist, deren Erfüllung Gottes= dienst bedeutet. Gemeint ist immer dasselbe: Rechtsordnung, die aus religiösen Gründen (kraft des Verhältnisses zu Gott) verbindlich sein will. Alle Ordnungen solcher Art werden als dem Evangelium wider= streitend (als ordinationes contra evangelium) verworfen. Wie auch ihr Inhalt sein möge, — es können sachlich ganz löbliche Ordnungen sein, — sobald sie diesen religiösen Wert in Anspruch nehmen, sind sie wider das Evangelium, wider die frohe Botschaft von der Rechtfertigung allein durch den Glauben. Die „kanonische Politie" kann aus freien Stücken als bloß äußere Ordnung beobachtet werden. Sobald aber Ge= horsam als religiös geschuldet gefordert wird, ist Verweigerung des Gehorsams Pflicht (Apol. Art. XV, S. 212: si quas traditiones parum commodas omittunt nostri, satis excusati sunt, quum requiruntur tamquam promereantur iustificationem. Art. XXVIII, S. 289: Nec debent episcopi — traditiones suas contra evangelium interpretari; idque quum faciunt, obedientia prohibetur iuxta illud, Gal. 1, 8: Si quis aliud evangelium docet, anathema sit). Kanonisches Recht bedeutet ein anderes Evangelium. Darum ist, ihm nicht zu gehorchen, Pflicht kraft des Evangeliums. — Alle im vorigen zusammengestellten Äußerungen der Bekenntnisschriften sind seit Jahrhunderten weltbekannt. In ihnen wird das kanonische Recht auf das allerdeutlichste abgemalt und auf das allerbestimmteste verworfen. Aber wo ist das Verständnis dieses ihres Inhalts geblieben? Schon im 16. Jahrhundert fiel die beginnende protestantische Kirchenrechtswissenschaft unter die Gewalt der katholischen kanonistischen Jurisprudenz (vgl. die Nachweise bei v. Gierke, Genossen=

§ 6. Der Standpunkt der lutherischen Reformation. 67

zismus ist Entstellung des Evangeliums. Vor dem wahren Evangelium verschwindet alles eigentümlich Katholische und mit ihm **alles kanonische Recht**.

Sobald das kanonische Recht das wirklich sein will wofür es sich ausgibt, gehört es kraft protestantischen **Glaubens** notwendig auf den Scheiterhaufen. Alles kanonische Recht ist (als solches) wider das Christentum. Es bindet das Christentum an irgendwelche äußere Ordnung. Es will Christen machen helfen und ist doch ein Verderbnis des Christentums. Es will aus dem Evangelium abgeleitet sein und ist doch wider das Evangelium.

Kein Rechtsgehorsam kann vor Gott rechtfertigen. Keine Rechtsgewalt kann den Weg zu Gott öffnen. Die Schlüsselgewalt ist nur Gewalt der Wortverkündigung. Sie ist verderbt, wenn sie Gewalt zwangsweiser Gesetzgebung sein will. Die Idee, daß die sichtbare Christenheit als Kirche (als Trägerin des Lebens der Kirche Christi) Rechtsquelle sei, daß sie „aus ihrem ureigenen Sein und Sollen", aus dem Wesen des Christentums heraus „Wesensrecht" hervorbringe[20], ist nach dem Urteil der lutherischen Reformation ein **widerchristlicher** Gedanke.

Darum ist denn auch das kanonische Recht von der luthe-

---

schaftsrecht, Bd. 3, S. 716, 717). Die erste Frucht der dadurch bewirkten Begriffsverwirrung war das sogenannte Episkopalsystem, welches Joach. Stephani in seinen Institutiones iuris canonici (!) ad praesentem ecclesiarum Germaniae statum directae (1604) für die lutherischen Landeskirchen Deutschlands entwickelte. Durch die Kirchengesellschaftslehre der Aufklärung verschwand vollends jede Erinnerung an den Wesensgegensatz zwischen katholischem und protestantischem Kirchenrecht, — ein Zustand, der bis heute andauert. Noch in der soeben erschienenen Neuauflage der bedeutenden und einflußreichen Darstellung, die Stutz vom Kirchenrecht gegeben hat (Kohlers Enzykl. d. Rechtswiss., 2. Aufl., Bd. 5, Erste Hälfte, 1914, S. 391), steht das katholische jus humanum mit dem lutherischen und dem modernen evangelischen Kirchenrecht als gleichartig auf einer Linie. Unsere Kirchenrechtswissenschaft mit ihrer Lehre vom „kirchlichen" (kirchengesellschaftlich erzeugten) Recht und von der „kirchlichen Rechtsgeschichte" sieht noch immer alles durch die naturrechtlichen Begriffe der Aufklärung und ist daher außer Stande, die Gedanken der Vergangenheit zu verstehen, in denen die Geschichte des Kirchenrechts beruht.

[20] So Th. Kaftan, Vier Kapitel, S. 61, 62.

rischen Reformation nicht aufgenommen worden, auch nicht „subsidiär". Es ist vielmehr, wie Luther gewollt hatte, im Feuer der Reformation ganz und gar verbrannt. Auch Melanchthon steht darin nicht anders als Luther. Das kanonische Recht ist für ihn kein Recht mehr. Das ist das Entscheidende. Das ist denn auch der Inhalt der lutherischen Bekenntnisschriften. Warum ist es kein Recht? Weil das kanonische Recht als Ordnung der sichtbaren Christenheit nicht, wie es vorgibt, religiös notwendig, sondern religiös gleichgültig ist. Die ganze „kanonische Politie" mag beobachtet, Bischöfen, ja dem Papst mag ferner in äußeren Dingen gehorcht werden. Warum? Weil solcher Gehorsam gegen äußere Ordnung mit dem Christentum nichts zu tun hat. Aber gerade durch diese Begründung ist jede Möglichkeit rechtlicher Verpflichtungskraft des kanonischen Rechts als solchen (unabhängig von der weltlichen Obrigkeit) ausgeschlossen [21].

Auch das „menschliche Recht" (ius humanum) des Katholizismus will geistliches Recht sein, mittelbar aus dem Geist Gottes (den die kirchliche Körperschaft besitzt), aus dem Evangelium (welches die kirchliche Körperschaft bindend auslegt) abgeleitet, kraft der Schlüsselgewalt, die im Namen Gottes gebietet, hervorgebracht. Solches „menschliche Recht" im Sinne des Katholizismus ist für den Protestantismus genau ebenso unmöglich wie das katholische „göttliche Recht". Die Bereitschaft, die „kanonische Politie" mit Bischofsgewalt und Papsttum als „menschliche Überlieferung" anzuerkennen, war ein Widerspruch in sich selbst, denn das Wesentliche an der „kanonischen Politie", ihre Rechtsgeltung kraft des Evangeliums, ward als dem Evangelium widerstreitend abgelehnt.

---

[21] So sagt denn auch Kahl selber (Rechtl. Inhalt des Konk., S. 4), daß vom lutherischen Standpunkt das kanonische Recht „als rein menschliche Ordnung subsidiär ertragen, aber auch jederzeit verworfen oder geändert werden konnte". Hier kommt im Grunde doch der Gedanke zum Ausdruck, daß das kanonische Recht für die Lutherischen keine Rechtsgeltung mehr besaß. Trotz alledem soll in den Bekenntnisschriften „überwältigend" der Gesichtspunkt hervortreten, daß es „um eine Erneuerung der Rechtsordnung überhaupt nicht geht".

§ 6. Der Standpunkt der lutherischen Reformation.

Das gesamte kanonische Recht war für die lutherische Reformation als geltendes Recht mit einem Schlage verschwunden. „Überwältigend" tritt daher in den lutherischen Bekenntnisschriften nicht die Geltung, sondern die Nichtgeltung des kanonischen Rechts in den Vordergrund. Das kanonische Recht ist ohne jede religiöse und folgeweise als solches ohne jede rechtliche Verbindlichkeit. Gewiß, in den Außendingen des lutherischen Kirchenwesens konnten kanonische Rechtssätze beibehalten und fortentwickelt werden, wie das z. B. auf dem Gebiet des Patronatsrechts geschehen ist. Aber wenn auch der Inhalt kanonischer Rechtssätze blieb, ihr Wesen ward durch die Aufnahme in das lutherische Kirchenrechtssystem verändert. Das inhaltlich übernommene kanonische Recht galt nicht mehr als kanonisches, geistliches Recht um des Evangeliums willen, sondern lediglich als weltliches Recht um der Befehlsgewalt weltlicher Obrigkeit oder auch um weltlicher Gewohnheit willen.

Vom kanonischen Recht blieb kein Stein auf dem andern. Nicht bloß die Welt des Glaubens, auch die ganze Welt des Rechts war eine andere geworden. Es gab kein geistliches Recht mehr, und wie kein geistliches Recht, so keine geistliche Obrigkeit. Eine größere Umwälzung des gesamten Rechtswesens ist nie wieder dagewesen. Die Welt war von geistlicher Zwangsgewalt befreit. Die Selbständigkeit des weltlichen Rechts, die Souveränetät der weltlichen Obrigkeit, die Zuständigkeit aller öffentlichen Gewalt an den Staat, alle diese Gedanken, in denen das neuzeitliche Staatswesen wurzelt, sind durch die lutherische Reformation religiös gerechtfertigt und nur dadurch zu voller Wirkungskraft befähigt worden. Die Reformation Luthers war eine Erneuerung nicht bloß des Glaubens, sondern der Welt: wie der Welt des Geisteslebens, so auch der Welt des Rechts.

Printed by Libri Plureos GmbH
in Hamburg, Germany